Imme Frahm-Harms
Monika Kretschmer

Oldenburger
Erfolgsprofile

Imme Frahm-Harms
Monika Kretschmer

Oldenburger
Erfolgsprofile

21 Portraits

mit Fotografien von Irmgard Welzel

ISENSEE VERLAG
OLDENBURG

Mit freundlicher Unterstützung von

Bibliografische Information der Deutschen Bibliothek
Die Deutsche Bibliothek verzeichnet diese Publikation in der
Deutschen Nationalbibliografie; detaillierte bibliografische Daten
sind im Internet über <http://dnb.ddb.de> abrufbar.

ISBN 978-3-7308-1079-8

© 2014 Isensee Verlag, Haarenstraße 20, 26122 Oldenburg
Gedruckt bei Isensee in Oldenburg

Inhalt

Oldenburger Erfolgsprofile

Ein Mensch ist erfolgreich, wenn er zwischen Aufstehen
und Schlafengehen das tut, was ihm gefällt.

Bob Dylan

Grußwort

Die Stadt Oldenburg, das sind nicht nur Straßen, Gebäude, Wasser- und Grünflächen, sondern es ist die Summe der Menschen, die die Stadt mit Leben erfüllt. Unter den Menschen heben sich einige hervor, die ihre Umgebung in ganz besonderer Weise prägen. Wir sprechen dann von „Persönlichkeiten". Der vorliegende Band ist solchen Persönlichkeiten gewidmet, Persönlichkeiten in erster Linie aus dem Wirtschaftsleben der Stadt Oldenburg.

Manche Leserin und mancher Leser, die sich für Wirtschaft nicht unmittelbar interessieren, könnten hier versucht sein, das Buch ungelesen zur Seite zu legen. Dies wäre indes ein großer Fehler, da die frisch und unmittelbar erzählten Lebenswege eine spannende Lektüre versprechen. Denn es geht um Persönlichkeiten, die wirtschaftlichen Erfolg hatten und haben. Der Erfolg dieser Persönlichkeiten aber prägt das Bild der Stadt und er betrifft auf diese Weise eine Vielzahl an Menschen.

Lebensgeschichten sind immer wieder spannend, besonders dann, wenn es solche von Menschen sind, die etwas bewegen. In den Biografien dieser Menschen spiegelt sich ihr Weg zu ihrem Erfolg wider. Der Genese, dem Werden und Wesen dieses Erfolgs nachzuspüren, ist eine lohnende Sache.

Wir interessieren uns naturgemäß für aktuelle Angelegenheiten und für solche, die sich in unserer unmittelbaren Nachbarschaft finden, dies deswegen, weil sie uns direkt betreffen. Insofern werden es besonders die Oldenburgerinnen und Oldenburger sein, bei denen diese Erfolgsprofile auf das Interesse stoßen werden, das ihnen zukommt. Darüber hinaus sind sie jedoch auch über die Stadt Oldenburg hinaus von Bedeutung, weil doch hier exemplarisch Biografien von Menschen vorgestellt sind, die das Leben in einem norddeutschen Oberzentrum wie Oldenburg nachhaltig mitgestalten.

Wir wünschen den Oldenburger Erfolgsprofilen eine große und interessierte Leserschaft.

Thomas Kossendey
Präsident

Dr. Michael Brandt
Geschäftsführer

Vorwort

Jedes Unternehmen, jede Organisation wird von Menschen geprägt, die sich mit ihrer ureigenen Persönlichkeit einbringen. Manche sind dabei sehr erfolgreich, andere weniger. Woran liegt das? Was macht eine erfolgreiche Unternehmerin, einen erfolgreichen Unternehmer aus? Braucht es mehr Wissen, mehr Menschenkenntnis oder mehr Empathie?

Immer mal wieder finden wir wissenschaftliche Werke, in denen versucht wird, Erfolgsfaktoren zu identifizieren. Faktoren, die entscheidend sind für eine starke Marke, zufriedene Mitarbeiter und ein attraktives Arbeitgeber-Image. Doch wie finden sich solche Ansätze in der Praxis wieder? Wie sehen zum Beispiel die Erfolgsrezepte in Oldenburg aus? Wir wollten es genauer wissen, und so entstand im Sommer 2013 die Idee zu diesem Buch. Im Rahmen persönlicher Interviews sind wir diesen Fragen gezielt nachgegangen. Wir haben erfolgreiche Geschäftsleute aufgesucht und sie nach ihrer ganz persönlichen Lebens- und Erfolgsgeschichte gefragt. Dabei ging es uns immer mehr um die Menschen als um die Unternehmer. Welche Werte stehen dahinter? Wer oder was hat sie geprägt und gefördert?

Das war spannend! Vor allem, nachdem wir feststellten, dass es Parallelen gibt: die Begeisterung für das eigene Tun, der Glaube an sich selbst – vielfach geprägt bereits durch die Eltern –, positives Denken, Mut, das Nachvorneschauen insbesondere auch in Krisenzeiten, Beharrlichkeit, Vernetzung, Kunden- und Mitarbeiterorientierung, Kommunikation in viele Richtungen, Fleiß, überdurchschnittliches Engagement und immer wieder eine ständige Neuausrichtung. Also eben doch „wissenschaftlich fundiert"?

Noch etwas haben wir herausgefunden bei dem Kontakt mit diesen beispielhaften Oldenburger Erfolgsprofilen: Das jeweilige Geschäftsfeld unserer Interviewpartner prägt auch ihre Sprache. Da spricht der Busunternehmer plötzlich vom „Fahrplan für die Zukunft", der Konditor bekommt die Dinge schon „gebacken" und im Männermodegeschäft wird darüber diskutiert, wie es ist, wenn frau „die Hosen anhat".

Nun gibt es in einer Stadt wie Oldenburg natürlich unzählige Erfolgsgeschichten. Wir mussten uns also auf eine Auswahl beschränken. Da gab es schnelle Entscheidungen, aber auch Empfehlungen. Alle zusammen stehen sie jetzt stellvertretend für die vielen anderen Erfolgsprofile, die es neben diesen Geschichten eben auch gibt und die genauso gut erzählt werden könnten.

Unser Ausschnitt zeigt Personen in unterschiedlich großen Unternehmen. Dabei haben wir Wert auf eine bunte Mischung aus Tradition und Neugründungen gelegt. Aus diesem Grund finden Sie in diesem Buch die Erfolgsgeschichte eines Friseurs neben der eines Bankvorstandes, die einer Gastronomin neben der eines Verlegers. Darunter sind auch Menschen, die ursprünglich mal einen ganz anderen Berufswunsch hatten als den, in dem sie dann „gelandet" sind. Oder zum Beispiel eine junge Forstwirtin, deren Ausbilder ihr das Handwerk nicht zutraute.

Das Besondere an den vorliegenden Portraits ist die Offenheit, mit der unsere Interviewpartner-/innen uns Einblick in ihre Biografie gegeben haben, ein Blick hinter die Kulissen sozusagen. Eben diesen „Wie-im-richtigen-Leben-Blick".

Immer wieder müssen auch wir lernen, mit Hindernissen und Erwartungen umzugehen, wir treffen neue (Lebens-) Entscheidungen, es werden Weichen für uns gestellt. „Vertrauen gewinnen", darum geht's, das Vertrauen von Kunden, Partnern und Mitarbeitern. Warum erfüllt es den einen mit Stolz, dass er als Sechsjähriger bereits als Unternehmensnachfolger „gehandelt" wird und ein anderer hadert mit der Nachfolge-Bestimmung, die ihm in die Wiege gelegt wird, sodass er zunächst in die Welt hinauszieht, bevor er sich dann doch – und zwar gerne – dem heimatlichen Betrieb zuwendet?

Welche Auswirkungen hat es, wenn ein christlich geprägter Mann an die Vorstandsspitze einer Bank gewählt wird oder jemand, der auf einer kleinen Insel aufgewachsen ist und nun eine Führungsaufgabe im öffentlichen Rampenlicht übernimmt?

Da sich Oldenburg als selbsternannte „Übermorgenstadt" mit eigenen Projekten sogar über die Grenzen hinaus etabliert hat, haben wir auch Leiter und Leiterinnen öffentlich finanzierter Organisationen in unseren Fokus genommen. Es handelt sich um erfolgreiche Personen, die das öffentliche Anliegen in der Praxis engagiert mit Leben füllen, andere von ihren Ideen überzeugen und Drittmittel-Finanzierungen einbringen. Da wäre zum Beispiel der traditionsreiche Schlossgarten, der in diesem Jahr mit einem Festakt zum 200-jährigen Bestehen gefeiert wird, oder das „Haus des Hörens" und das „Technologie-und Gründerzentrum Oldenburg" (TGO), die beide schon mehrfach mit hochkarätigen Preisen international gewürdigt wurden. Kernstück jedoch bilden die Portraits von Unternehmern und Unternehmerinnen, die mit hohem Einsatz das Stadtbild und die Stadt Oldenburg prägen und die durch ihr Dasein ein Stück Stadtgeschichte schreiben.

Dass dieses Buch über Oldenburger Erfolgsprofile überhaupt möglich wurde, verdanken wir der finanziellen Unterstützung des Amtes für Wirtschaftsförderung der Stadt Oldenburg und der Landessparkasse zu Oldenburg.

Der Wirtschaftsförderung sind wir darüber hinaus auch dankbar für den gedanklichen Austausch gemeinsam mit dem Verleger sowie der Beratung zu möglichen Interviewpartnern. Florian Isensee danken wir für seine kollegiale Unterstützung, seine kompetente Beratung und sein immer offenes Ohr. Unser Dank gilt auch der Fotografin Irmgard Welzel, die – wie wir finden – ebenfalls sehr erfolgreich beim Finden des richtigen Foto-Moments war.

Ohne Interviewpartner/-innen allerdings wäre dieses Buch nicht entstanden. Wir danken allen Personen von Herzen, die uns einen so vertrauensvollen Einblick in ihre Lebensgeschichte gegeben haben und uns an ihrem eigenen individuellen Blick auf die Welt teilhaben ließen.

Wir freuen uns, wenn es uns gelungen ist, neben den Inhalten auch die Atmosphäre der vielen Interviews in die vorliegenden Texte mit einfließen zu lassen.

Beim Lesen der unterschiedlichen Erfolgsgeschichten wünschen wir Ihnen mindestens so viel Freude, wie wir sie beim Führen der Interviews hatten. Und vielleicht schenken Sie dem einen oder anderen der beschriebenen Oldenburger Erfolgsprofile bei der nächsten Begegnung ein Extra-Lächeln.

Imme Frahm-Harms und Monika Kretschmer

In the category
Return on
Public Investment
Incubator 2006
in
the category
Science Based
Incubator 2007
the category
2006-2011

Jürgen Bath

Technologie- und Gründerzentrum Oldenburg (TGO): Gestalten, nicht verwalten

Stellen wir uns vor: Wir schreiben das Jahr 2002, es ist Mai. Das Technologie- und Gründerzentrum Oldenburg (TGO) befindet sich nach fast zehnjährigem Entstehungsprozess nun endlich im Bau. Am 1. Januar 2003 soll es eröffnet werden. Es stehen 5.000 Quadratmeter Fläche in diesem Neubau an der Marie-Curie-Straße zur Verfügung, aber noch ist kein Mieter in Sicht. Wer würde da als verantwortlicher Geschäftsführer nicht ein bisschen kalte Füße kriegen?

Verantwortlicher Geschäftsführer ist seit 2001 Jürgen Bath. Vorher war er beim Amt für Wirtschaftsförderung, wo er sich bereits mehrere Jahre auf das Thema Existenzgründung spezialisiert hatte. Doch sein Wunsch war es schon als 16-Jähriger, einmal einen Arbeitsplatz zu bekleiden, der aus einem Mix von „drinnen und draußen" besteht. Auch wenn er fühlt, dass er seinem Ziel durch die Geschäftsführerposition nun näherkommt, fällt ihm die Entscheidung dazu nicht leicht: So viele engagierte Personen haben im Entstehungsprozess die Messlatte ziemlich hoch gehängt. Dann aber gibt es ein Schlüsselerlebnis beim Joggen mit einem Freund. Soll ich oder soll ich nicht, so lautet die Frage. Der Freund ist sich ganz sicher: „Wer nicht wagt, der nicht gewinnt!" Er spricht aus, was Jürgen Bath fühlt. Und das motiviert ihn endgültig.

Das TGO wird von allen politischen Parteien in Oldenburg gewollt. Das ist schon mal eine gute Voraussetzung. Hilfreich ist auch die breite Gesellschafterrunde, die das Projekt finanziell und mental unterstützt. Neben der Stadt Oldenburg als Hauptgesellschafterin und Peter Waskönig als einziger Privatperson gehören folgende Institutionen und Unternehmen dazu: die Carl von Ossietzky Universität Oldenburg, die Jade-Hochschule, vier ansässige Banken (OLB, LzO, Raiffeisenbank, BLB), die Oldenburgische Landesbrandkasse und die Schomaker Bauträger GmbH & Co.KG.

Jürgen Bath hat die Sache im Griff. Dass er der richtige Mann in der richtigen Position ist, muss er jedoch erst einmal beweisen. Denn nicht alle Beteiligten kennen ihn. Die anderen allerdings wissen, dass sie diesem verlässlichen, grundehrlichen und engagierten Insulaner vertrauen können. Dieses ebenso Bodenständige wie Kommunikative hat er wohl von seiner Heimatinsel Borkum mitgebracht. Vielleicht liegen hier auch die Wurzeln seiner Bescheidenheit.

Um für das TGO zu werben bzw. es erst einmal bekannt zu machen, lässt er sich so einiges einfallen. Er geht „Klinken putzen" und fühlt sich nicht selten wie auf einer Verkaufsveranstaltung. Im gesamten nordwestdeutschen Raum ist er unterwegs und hält Vorträge. Darüber, was das TGO ist und was es will und welche Chancen sich daraus ergeben. In unzähligen Gesprächen erklärt, veranschaulicht und: begeistert er.

Ihm gelingt es, den Kontakt zu wichtigen Vertretern aus Politik, Wirtschaft und Wissenschaft zu intensivieren und auszubauen. Damit führt er das weiter, was Universitätspräsident Prof. Dr. Michael Daxner und Oberstadtdirektor Heiko Wandscher Ende der 1980er-Jahre erstmals angestoßen

haben, das Zukunftsweisende, die Win-Win- und natürlich die Synergie-Effekte, die diese Idee in sich trägt. Entscheidend jedoch ist, dass er selbst von der Sache überzeugt ist. „Ich habe zu keinem Zeitpunkt daran gezweifelt, dass es klappt." Unter anderem auch deshalb, weil er alles perfekt vorbereitet hat. Besonders starke Rollen in der Zusammenarbeit spielen Prof. Siegfried Grubitzsch (Uni), Peter Waskönig (Wirtschaft) sowie Klaus Wegling (Amt für Wirtschaftsförderung) und darüber hinaus Oberbürgermeister Dietmar Schütz und Lutz Stratmann (Politik).

„Höchste Professionalität", darum geht es jetzt. Nicht nur sein Bauchgefühl sagt ihm, dass die Lage stimmig ist. Er tut alles, was nötig ist, er bringt das Projekt sukzessive – und mit großer Freude – auf den Weg.

Unterstützt wird er von Planern und Beirat. „Ich hatte echt starke Partner an meiner Seite. Das war ein dickes Pfund." Immerhin ist das TGO selbst ja auch eine Gründung. Es dauert nicht lange und die ganze Chose gewinnt an Dynamik. Es „funkt" zwischen den Köpfen, die Mundpropaganda funktioniert, sodass sich die Kontakte innerhalb kürzester Zeit multiplizieren. Allein das fördert die weitere Zuversicht.

Wertig, aber nicht protzig

Die in der Präambel des Gesellschaftervertrags formulierten Ziele des TGO sind einfach so überzeugend, dass es zu einem Erfolgsmodell werden muss. Es geht zum einen um die Verbesserung der Rahmenbedingungen bei der Gründung von Unternehmen und zum anderen um die Wirtschaftskraft der Stadt und der Region, die es zu erhalten und auszubauen gilt. Es wäre doch schade, wenn die gut ausgebildeten Talente in andere, fremde Regionen abwandern würden.

In der Präambel ist es übrigens gelungen, in einem einzigen Satz das zu formulieren, was das TGO zu bieten hat: *„In diesem Sinne sehen es die Vertragspartner als Ziel der Gesellschaft, insbesondere hochschulverbundenen Existenzgründerinnen und -gründern und jungen Unternehmen durch ein attraktives Angebot an Räumlichkeiten in unmittelbarer Nähe der Carl von Ossietzky Universität Oldenburg die Möglichkeit zu geben, sich in einem innovativen wissenschaftlichen Umfeld zu entwickeln, hochqualifizierte Arbeitsplätze zu schaffen und damit für Stadt und Region Oldenburg einen positiven, nachhaltigen Beitrag zur Verbesserung der Wirtschaftskraft zu leisten.“*

Damit ist eigentlich alles gesagt, ein klarer Fall von Wirtschaftsförderung. Doch erst einmal muss alles mit Inhalt gefüllt werden: Wie gesagt, 5.000 Quadratmeter mit gut ausgestatteten, repräsentativen Büros, Laboren und Werkstätten. Eines Tages ist es soweit. Im Sommer 2002 ist der erste Mietvertrag unterschrieben. Es handelt sich um ein Unternehmen aus dem Bereich Umwelttechnik, also genau die Zielgruppe. Danach verselbstständigt sich alles. Sie kommen, sichten und mieten, die Informationstechnologen, die Ingenieure, die Neue-Energie-Fachleute. Sie bleiben allerdings höchstens acht Jahre, denn das sehen Konzept und Mietvertrag vor. Es soll schließlich „nur" eine Start-Hilfe sein. Zu den verbesserten Rahmenbedingungen gehören auch

19

eine günstige Miete, ein umfassendes, dynamisch weiterentwickeltes Service- und Beratungsangebot und verschieden große Seminarräume. Außerdem gibt es eine freundliche Dame an der Rezeption, die alle Besucher empfängt und die die Post sowie auf Wunsch alle Telefongespräche entgegennimmt. Dann gibt es noch ein Auto, das vor der Tür steht, und das stunden- bzw. tageweise gemietet werden kann. All diese Leistungen zusammen sind für andere Gründerzentren mittlerweile wegweisend. Ein weiterer Hit ist „Das Curie", ein angeschlossenes Café und Bistro, in dem häufig mittags die informellen Dinge ausgetauscht werden.

Ansonsten ist das architektonisch interessante Gebäude kleinteilig strukturiert mit langen Fluren und gläsernen Büros. „Das fördert die Kommunikation." Zwischen 17 und 40 m² Fläche sind die angebotenen Arbeitsräume klein bzw. groß. Möglich ist es auch, ein Büro je nach Bedarf im Doppel- oder Mehrfachpack zu mieten, falls das Unternehmen expandieren muss. Genau das ist ja das Ziel und deshalb kein Einzelfall. Es gibt sogar einen Gründer, der innerhalb weniger Jahre 20 Büros anmietet. Der ist in seinem Fach heute übrigens Weltmarktführer (O-Ton Bath: „Auftrag erfüllt!"). Aber auch dieser Shootingstar wird alsbald ausziehen, denn die Regeln gelten für alle. Die Herausforderung für Jürgen Bath wird sein, diese Lücke mit neuen Gründern zu füllen.

Die Atmosphäre ist angenehm, alles scheint irgendwie bodenständig zu sein, ganz nach dem Motto: Wie der Herr, so's Gescherr. Hier wird gearbeitet, kommuniziert und genetzwerkt. Jürgen Bath ist derjenige, der alles zusammenhält. „Ich verstehe mich hier als Schnittstelle, als Bindeglied zwischen drinnen und draußen." In der Tat ist er für alle – Mieter, Mitarbeiterinnen und Mitarbeiter – Ansprechpartner, Berater, Zuhörer, Motivator, Tröster und und und. Alles in einer Person. Darüber hinaus spürt er immer wieder Trends auf. Regelmäßig trifft er sich mit „seinen" Mietern und spricht mit ihnen über ihren Bedarf, über Probleme, Ziele und Visionen.

Er stellt Kontakte her, bringt Menschen zusammen. Das kann er gut, denn er kennt Gott und die Welt – eben nicht nur Leute in der Region. Auf diese Weise werden viele spannende Themen und Projekte angeschoben. Der Unternehmergeist ist auf den Fluren spürbar. Die Köpfe rauchen, es wird entwickelt, verkauft und geforscht, denn zur Zeit befinden sich auch zwei Fraunhofer-Institute im Haus.

Ausgezeichnet!

Alles läuft rund. Das Image war, ist und bleibt positiv, das große Fundament ist das gemeinsame Interesse in Politik, Wirtschaft und Wissenschaft. Als Impulsgeber für Gründer ist das TGO, ist Jürgen Bath der volle Erfolg. Dass auch andere es so sehen, beweisen diverse, größtenteils internationale Auszeichnungen. Um der Wahrheit die Ehre zu geben: Das Technologie- und Gründerzentrum Oldenburg hat alles abgeräumt, was an Preisen und Auszeichnungen in der Kategorie ausgelobt wurde. Die reinste Gewinnserie. Aus aller Welt werden Delegationen empfangen, weil sie sich über dieses offenbar außergewöhnliche Erfolgsrezept informieren möchten.

Fest steht, dass dieses Zentrum zu den besten der Welt zählt. Nicht zuletzt dank Jürgen Bath, der hier, wie er selbst sagt, seinen Traumjob ausüben kann. „Genau die richtige Mischung aus Schreibtischarbeit und Unterwegssein. Das habe ich mir immer gewünscht. Ich habe viel Freiheit und spüre das Vertrauen, das mir die Gesellschafter entgegenbringen. Hier kann ich gestalten und nicht nur verwalten."

Trotzdem hebt man hier nicht ab vor lauter Erfolg. „Jeder ist immer nur so gut wie sein Team, das ihn unterstützt", sagt der Chef in seiner bescheidenen Art. Auch die verlässliche Zusammenarbeit mit seinen mittlerweile sieben Mitarbeiterinnen und Mitarbeitern ist Teil des angenehmen Klimas. „Wir arbeiten hier füreinander." Auf dieses bewährte Team kommt 2010 eine ganz neue Herausforderung zu. Angebahnt hatte sich das alles schon anderthalb Jahre zuvor, denn nur fünf Jahre nach der Eröffnung war klar: Wir müssen anbauen. Die Nachfrage von qualifizierten Gründerinnen und Gründern (überwiegend sind es Hochschulabsolventen) nach günstigen Büros ist ungebrochen, das bisherige TGO platzt aus allen Nähten.

Am 7. Oktober 2008 wird also der Grundstein für den Erweiterungsbau gelegt, Richtfest wird am 19. Mai 2009 gefeiert. Der Niedersächsische Minister für Wissenschaft und Kultur, Lutz Stratmann, ist erneut anwesend, ebenso wie Abgeordnete des Bundes- und Landtages. Mit von der Partie ist natürlich auch der stolze Oberbürgermeister Prof. Dr. Gerd Schwandner, der dem TGO seit Beginn seiner Amtszeit äußerstes Wohlwollen entgegenbringt.

Mit diesem Bau ist die Fläche des TGO von jetzt 11.000 m^2 mehr als verdoppelt worden. Die ersten Mieter für den Neubau unterzeichnen schon in diesem Sommer ihren Vertrag. Noch vor Fertigstellung werden alle Erwartungen bezüglich der Vermietung übertroffen. Es herrscht erneut Aufbruchsstimmung. Im Januar 2010 kann das Haus bezogen werden. Zu sehen ist jetzt ein dreigeschossiges Gebäude in Kammstruktur mit vier Gebäuderiegeln und gläsernen Verbindungsgängen. Ein Hingucker.

Im Herbst 2013 feiert das TGO sein zehnjähriges Bestehen. Bei der Auftakt-Veranstaltung werfen alle noch einmal einen Blick auf die Historie. Dabei wird – parteiübergreifend(!) – deutlich, welch außerordentliche Bedeutung das Zentrum für Oldenburg hat. Ein Verdienst, das in erheblichem Maß mit dem Geschäftsführer in Verbindung steht.

Fragt man Jürgen Bath, was ein Gründer idealerweise für Eigenschaften mitbringen sollte, so antwortet er: „Er sollte belastbar und sich darüber im Klaren sein, dass es kein ‚8-to-5-Job' ist. Wenig Urlaub, weniger Zeit für Familie und Freunde, so sieht es aus. Zudem braucht es eine große Beharrlichkeit, Engagement und Durchsetzungsvermögen. Nicht zu vergessen das organisatorische Talent, ohne das geht gar nichts. Das Wichtigste aber ist die unbeirrte Begeisterung für das, was man plant und tut." Besser als er selbst hätte ihn niemand beschreiben können.

Und ganz zum Schluss, schon fast im Gehen, sagt er noch: „Wenn die Arbeit Freude macht, kommt auch der Erfolg."

Martin Grapentin

Landessparkasse zu Oldenburg: Familien-Unternehmer auf Zeit

Es ist schon erstaunlich, mit welcher Ruhe und Gelassenheit er durchs Leben geht. Und das, obwohl er in seinem Job als Vorsitzender des Vorstandes der Landessparkasse zu Oldenburg (LzO) doch an der „Zeit-Armutsgrenze" lebt. Martin Grapentin ist Banker durch und durch, ein „Nullenpinseler" wie er sich selbst bisweilen scherzhaft bezeichnet.

Von der Pike auf hat er sein Fach gelernt. Fleißig und ehrgeizig auf der einen Seite, tolerant und offen für vieles auf der anderen Seite. Eines aber ist er vor allem – und das macht vielleicht seinen Erfolg aus: Er ist ein außerordentlich zugewandter Mensch. Ob im Gespräch mit Kunden, Mitarbeitern, Interview-Partnern oder einem seiner Enkelkinder, wichtig ist es ihm, in der jeweiligen Situation ganz und gar präsent zu sein. Auch in stressigen Situationen gibt er seinem Gegenüber das Gefühl: Jetzt habe ich Zeit für dich, jetzt bin ich nur für dich da. Das ist angenehm, das macht ihn sympathisch und eben – erfolgreich.

Mit nur 30 Jahren bekleidet er das Amt des stellvertretenden Vorstandsvorsitzenden in der Kreissparkasse Osterholz. Zum Zeitpunkt seiner Ernennung ist er damit das jüngste Vorstandsmitglied im Sparkassenverband Niedersachsen. Sein Vorgesetzter Karl-Heinz-Marg – der Mann, von dem er sehr viel gelernt und der ihn beruflich am meisten geprägt hat –, hält große Stücke auf ihn.

Im Rahmen einer Sondergenehmigung gelingt es Marg, Grapentins Kandidatur für den Vorstand durchzuboxen, obwohl doch die Regel vorschreibt, dass man erst mit 35 Jahren in diesen erlauchten Kreis gewählt werden kann. Soviel zum Stichwort „credere", das nicht nur Wortstamm für den Begriff „Kredit" ist, sondern eben auch dafür steht, einem anderen Menschen Glauben und Vertrauen zu schenken. Es ist nicht das einzige Mal, dass jemand Martin Grapentin besondere Leistungen zutraut. Und er enttäuscht niemanden.

Was hat er, was andere nicht haben?

Er sei keiner, der die Herzen der Menschen im Sauseschritt erobert. „Ich brauche immer etwas Zeit und verstehe mich mehr als zurückhaltenden Beobachter. Einer, auf den man nicht so schnell aufmerksam wird." Offenbar ein „tiefes Wasser".

So oder so, Martin Grapentin ist einer, der gut ankommt. Er ist zuverlässig, fachlich sowieso auf der Höhe und an sozialer Kompetenz mangelt es ihm auch nicht. Doch das Eigentliche ist die Tatsache, dass er Emotionen für wichtig, wenn nicht sogar entscheidend hält. „Und das in seiner Position", so möchte man sagen. Genau: Und das in seiner Position! Das unterscheidet ihn sicher von vielen Führungspersönlichkeiten: die Einstellung gegenüber anderen.

Natürlich muss er auch Entscheidungen treffen, die Konsequenzen nach sich ziehen. Natürlich verfügt er über Macht. Natürlich gibt es immer mal wieder gewisse Zwänge … Doch genauso gibt es eine Ansicht, die sich mit diesem Amt offenbar sehr gut verträgt: „Ich kann nur führen, wenn ich Macht habe, aber ich bin gut beraten, sie nicht

auszuüben." Das versteht er unter einer zeitgemäßen Unternehmenskultur, einer Kultur, die er in diesem Unternehmen, in seiner „Familie LzO" seit seinem Eintritt im Jahr 2005 weit vorangebracht hat.

Er sei „Oldenburger mit Migrationshintergrund". Immerhin ist er dem nordwestdeutschen Raum mit Stationen in Rotenburg/Wümme, Osterholz und Wilhelmshaven treu geblieben. Ein Nordlicht also, das klare Linien bevorzugt. „Ich habe gerne geklärte Verhältnisse im Leben." Da weiß man, woran man ist. Auch das ist wieder so ein ganz persönlicher Baustein zum Erfolg.

Dieser Wunsch nach Klarheit gilt auch für den Privatmann Grapentin. So gelingt es ihm zum Beispiel, das Band einer zerworfenen Freundschaft wieder zu erneuern. Einmal hat ihm diese Fähigkeit nicht nur eine Freundschaft zurückgebracht, sondern noch ein weiteres Geschenk: ein Buch mit dem symbolträchtigen Titel „Der wiedergefundene Freund".

Die Dinge in die Hand nehmen

Es ist viel passiert in seiner Zeit als Vorsitzender des LzO-Vorstandes in Oldenburg: Der Neubau der Firmenzentrale zum Beispiel, dieser große Ruck, der im Jahr 2007 durch das Unternehmen ging, also kurz bevor die Bankenkrise die ganze Welt erschütterte.

Architektonisch gesehen ist dieser Komplex äußerlich eher robust und solide. Wer jedoch das Gebäude betritt, der wird schon im Foyer die angenehm helle Atmosphäre wahrnehmen: Überall licht und transparent, vielleicht ein

Symbol für das Bankgeschäft selbst? Oder ist dieser Gedanke übertrieben?

„Die Kritik an Geldinstituten in den letzten Jahren war sehr massiv. Deswegen haben die Banker ja auch keinen besonders guten Ruf in dieser Gesellschaft. Aber man kann nicht alle über einen Kamm scheren, so wie manche Medien das gerne tun. Viele, wir auch, haben zu jedem Zeitpunkt verantwortlich gehandelt."

In diesem Zusammenhang gibt es einen Bezug zu dem Kunstwerk, das auf der Nordseite der LzO-Zentrale steht und ganz bestimmt nicht zu übersehen ist: „Der Mann im Matsch", so der Name der übergroßen Bronzestatue des in Oldenburg geborenen Künstlers Thomas Schütte. Mehrmals schon wurde der Chef des Hauses von Besuchern gefragt, ob er oder der ganze Vorstand dieser Mann im Matsch sei … Oder vielleicht die Mitarbeiter oder gar die Kunden.

Die Figur ist ein „Suchender" mit einer Wünschelrute in der Hand. Er droht im Sumpf zu versinken, er muss seine Schritte ausloten, um nicht unterzugehen. Diese Skulptur ist laut Hans Rudolf Reust im Katalog zur Kunstsammlung der LzO (erschienen 2009) „eine Kritik an der smarten Selbstüberschätzung einer Moderne, die mit dem kläglichen Einsturz der Finanzarchitektur ihre spekulative Seite nur noch einmal deutlicher offenbart hat".

„Ein Suchender", so Grapentin „das ist gut, denn solange wir suchen, sind wir tolerant und vorsichtig. Es könnte ja sein, dass ‚die Anderen' am Ende doch Recht haben."

Was hat der Mann an der Spitze, dieser „Familien-Unternehmer auf Zeit" noch alles bewirkt? In seiner Ära wird u. a. die gemeinnützige Regionalstiftung gegründet. Damit übernimmt die LzO Verantwortung an unterschiedlichsten regionalen „Brennpunkten". Gefördert werden Projekte im Bereich Kultur, Tier- und Naturschutz, Öffentliches Gesundheitswesen, Bildung, Sport, Jugend- und Altenhilfe, aber auch Wissenschaft und Forschung, Denkmalpflege und Heimatkunde. Und da auch Träger und Institutionen von sozialen, gemeinnützigen Projekten gefördert werden, haben viele hilfsbedürftige Personen von dieser Stiftung schon profitiert.

2011 feiert die gesamte Belegschaft das 225-jährige Jubiläum. So viele Jahre haben nur wenige Unternehmen in der Region „auf dem Buckel". „Manche denken ja, dass so eine Institution automatisch immer weiter läuft. Das stimmt aber nicht. Ein Unternehmen ist eine sehr fragile Angelegenheit, immer abhängig von den Menschen, die es leiten." Viele würden auch glauben, dass es bei einer Bank ausschließlich um Zahlen geht. Doch auch das sei ein Irrtum. „Hier geht es hauptsächlich um Menschen."

Dass sich die LzO weiter gut entwickelt, dafür hat sich Martin Grapentin all die Jahre eingesetzt. Motivation war und ist ihm dabei die „Freude an Leistung". Das war schon immer so: „Wenn mir jemand etwas zugetraut hat, dann lief ich immer zur Höchstform auf." Das galt damals, als er in jungen Jahren Leiter einer Jugendgruppe und etwas später, als er ehrenamtlich als Kirchen-Chorleiter tätig war. Und das gilt noch immer. Vertrauen, sagt er, ist das Wichtigste, unabhängig vom Thema.

Fit für die Zukunft

Neben dem analytischen Gespür braucht es eine innere Aufgeschlossenheit, um Veränderungen gezielt anzugehen. Heute ist die Bank „gut aufgestellt", sowohl in Bezug aufs Personal – in der Personalpolitik hat sich unter seiner Führung einiges getan – als auch bezüglich des Ertrags. „Wir gehen ein Stückchen fitter als andere in die Zukunft." Dafür ist natürlich nicht nur ein fähiger Vorstand unverzichtbar (Grapentin: „Der eigentliche Vorstand sind unsere Kunden."), sondern auch engagierte Mitarbeiterinnen und Mitarbeiter.

Allerdings sei es heutzutage ebenso wichtig wie schwierig, diesen Standard zu halten. „Wir leben in einer Wohlstandsgesellschaft, in der ein permanenter Auslese-Wettbewerb regiert. Das eigentliche Problem dabei ist, dass dies auch immer eine Auslese von Menschen bedeutet." Es beginnt bei der Bewerbung für einen Ausbildungsplatz und endet noch lange nicht, wenn es um die nächste Stufe auf der Karriereleiter geht.

Auch das Internet hat in dieser Branche großen Einfluss genommen. Dadurch hat sich das Tempo verändert. „Wir müssen immer einen Tick schneller sein." Aber so ist das wohl: „Im Leben gibt es manchmal Zugaben, die wir gar nicht bestellt haben."

Das Maß aller Dinge?

„Man kann nicht jeden Tag etwas Großes tun, aber gewiss etwas Gutes." Dieser Satz von Friedrich Schleiermacher (1768-1834) könnte seine Maxime sein. In seinem Leben hat sich Martin Grapentin immer an Qualität orientiert, auch in den kleinen, alltäglichen Dingen. Dabei ist ihm die in jeder Hinsicht „prosperierende und vor Selbstbewusstsein nur so strotzende Stadt Oldenburg" genau die richtige Plattform. Er nimmt jede Herausforderung an, hat Ideen, entwickelt Konzepte. Die Arbeit ist sein Lebenselixier, sagt er, sie gibt dem Ganzen Stabilität. Es ist schon ein Unterschied, ob Arbeit als Fluch – „im Schweiße meines Angesichts" (1. Mose, 3,19) – oder als Segen empfunden wird. Letzteres gelte für ihn, und das schon immer.

Weitere Kraftquellen sind die Familie und der Glaube. „Beides gibt dem Leben Sinn, denn der Beruf ist – weiß Gott – nicht alles." So fährt er jährlich mit der ganzen Sippschaft – bestehend aus Ehefrau, drei Kindern, drei Schwiegerkindern und momentan sieben Enkelkindern – in den Winterurlaub. Im Sommer geht's gemeinsam auf den Campingplatz. Der Vater und Großvater hat eine gute Akzeptanz innerhalb der Familie und ist „noch immer drahtig genug für eine Luftmatratze".

An solchen Tagen tankt er auf. Das liegt ganz sicher auch an den Kurzen, die wie alle Kinder kleine Philosophen sind. Sie stellen existenzielle Fragen, so wie neulich die achtjährige Luise: „Opa, wirst du noch leben, wenn ich Kinder habe?" Naja, bis dahin sei es ja noch ein langer Weg, aber er, Opa, würde auf alle Fälle versuchen, durchzuhalten.

Martin Grapentin ist eben nicht nur Bankfachmann und Vorsitzender des LzO-Vorstands, er ist zugleich Kollege, Ehemann, Vater, Schwiegervater, Opa, Freund, ein begnadeter Pianist, Weinkenner, Hobby-Philosoph und -Theologe,

Samstagnachmittags-Jogger, Hausmusiker, ... Über all dem aber ist er eben Mensch. Das macht ihn so authentisch.

Und wenn er sich am Abend entspannt bei einem Glas Rotwein zurücklehnt, nachdem er mit seinem Freund, dem erfolgreichen Onkologen Dr. Bernd Metzner, bei sich zu Hause zwei Stunden Kammermusik gespielt hat – was alle paar Wochen stattfindet – , dann ist er wohl bei sich selbst angekommen: Martin Grapentin ganz privat.

Ein besonderes Steckenpferd ist ihm der „Raum der Stille" im begrünten Atrium der Zentrale. Ein Raum, in den sich alle diejenigen zurückziehen können, die für einen kurzen Moment Abstand brauchen – vom Bankgeschäft, vom Alltag, von all ihren Sorgen. Es handelt sich um ein eigenständiges Gebäude. Der runde Innenraum hat nur ein ovales Fenster und das ist an der höchsten Stelle im Raum, die direkte Verbindung nach oben. Zu Gott? Zum Spirituellen? Zum Kosmos?

Es gibt keinerlei religiöse Symbole, nur eine Sitzbank und einen Erker mit einer warmen Lichtquelle. An der rauen, ungeputzten Betonwand steht folgendes Zitat von Bernhard von Claivaux (1091-1153): „Wie kannst Du voll und ganz Mensch sein, wenn Du der Besinnung keinen Raum gibst?" Diesen Spruch hat Martin Grapentin von einer Führungskräftetagung im Kloster Loccum mitgebracht.

„Der Mensch ist nicht das Maß aller Dinge", sagt er. Auch dafür steht dieser Raum der Stille als Symbol. „Schauen Sie sich die Wand an, sie hat Risse, es gibt Brüche, wie im richtigen Leben." Auch in seinem Leben? Und was tut ein Martin Grapentin, wenn ihn das Leben doch einmal beutelt? Darauf antwortet er mit den Worten von Franz Liszt: „Glücklich, wer mit den Verhältnissen zu brechen versteht, ehe sie ihn gebrochen haben!"

Jetzt befindet er sich in der „Schlusskurve" seiner beruflichen Laufbahn. Da wird man zum einen etwas langsamer und zum anderen immer dankbarer für das was war, was ist und was wird. Allzu ruhig wird es in seinem Ruhestand aber wohl nicht hergehen. Es gibt bereits ein ausreichendes „Portfolio an Möglichkeiten", bestehend aus Ehren- und Aufsichtsratsämtern. Am meisten jedoch freut er sich schon jetzt darüber – jenseits dieser selbst auferlegten Aufgaben – ein glasklares „Ja" sagen zu können, wenn ihn ein Freund fragt: „Hast du morgen Zeit für mich?"

Elke Haase

piccoplant Mikrovermehrungen: Vom Wachsen & Wurzelschlagen

„Nie im Leben hätte ich gedacht, dass ich mal einen Trecker besitzen würde. Jetzt stehen davon schon vier Stück auf dem Gelände." Elke Haase ist eine außergewöhnliche Frau. Wer ihr je gegenüber gesessen hat, weiß was gemeint ist. Einerseits Vollblut-Unternehmerin, andererseits herzlich wie die beste Freundin. Eine, der man Geheimnisse anvertraut und mit der man Pferde stehlen kann. Und bei all dem absolut bodenständig, eben typisch oldenburgisch.

Als sie 1989 piccoplant gründet, hat sie ein Biologiestudium und fünf Jahre Berufserfahrung hinter sich. „Eigentlich wollte ich in die Forschung, doch dann gab es konkrete Interessensbekundungen aus der hiesigen Wirtschaft." Bevor es jedoch richtig losgeht, macht sie sich schlau. Betriebswirtschaft? Marketing? Personalführung? Davon hat sie zu diesem Zeitpunkt keine Ahnung. Doch zeigen sich gerade jetzt die Vorteile eines Projektstudiums. – (Wir erinnern uns: Das war ein Modellversuch des Niedersächsischen Kultusministeriums in den 1970er-Jahren, der leider nach relativ kurzer Zeit wieder abgeschafft wurde.) – „Im Projektstudium habe ich gelernt, wie ich mich schnell in mir unbekannte Sachverhalte einarbeiten kann."

Bevor sie Gespräche mit der Bank führt, betreibt sie Marktforschung und entwickelt ein umfassendes Konzept. Die Idee, Pflanzen „in vitro" (wörtlich: im Glas) zu vermehren, statt klassisch über Stecklinge oder Veredelung, ist so ziemlich einmalig. „Ich habe einfach gerechnet, wie viele

Pflanzen der Markt benötigt und wie viele ich herstellen kann. Das war schon alles. Ich wusste, ich schaffe das."

Dieses Selbstvertrauen verdankt sie ihren Eltern, die immer hinter dem standen, was sich ihre Tochter ausgedacht hat. Mit diesem zuversichtlichen „Ich-schaffe-das-Gesicht" überzeugt sie auch die Banker, obwohl es doch eine hohe Kapitalbindung gibt, da es um Pflanzen geht, die – zum Teil wenigstens – erst einmal über Jahre wachsen müssen.

Die Stadt Oldenburg bietet ihr ein großes Grundstück an der oldenburgisch-ammerländischen Grenze an. Das begutachtet sie zusammen mit ihrer Freundin und deren Tochter im Frühjahr 1989. Ist das der richtige Ort? Plötzlich ein Aufschrei: Das Kind hält ein vierblättriges Kleeblatt in der Hand. Die Entscheidung ist gefallen! Elke Haase kauft das Land – und zwar gleich mit der Option, das Grundstück später einmal zu erweitern.

Der Sprung ins kalte Wasser

Das ist das Prinzip: „Meine Idee war es, die Eigenschaften der Natur für ökonomische und ökologische Zwecke gezielt einzusetzen." Fachlich hat sie's echt drauf. Bei der Mikro-Vermehrung werden einer Mutterpflanze Knospen und Sprossen entnommen, die in keimfreier Umgebung in eine gelatineähnliche Flüssigkeit gesteckt werden, um dann – zunächst im Brutkasten – Wurzeln zu schlagen. Auf diese Weise vermehrt sie die Pflanzen innerhalb kürzester Zeit.

Während ein herkömmlicher Gärtner nur einmal im Jahr Stecklinge von den Mutterpflanzen nehmen kann, verfügt

Elke Haase über einen Labor-Bestand, der monatlich vervielfacht werden kann: drei-, neun-, 27-tausendfach. Dieses exponentielle Wachstum erlaubt es ihr und ihrem Team, den Bedarf exakt auf die Bedürfnisse des Marktes abzustimmen. Genial! Sobald die zarten Pflänzchen eine gewisse Größe erreicht haben, werden sie umgesetzt in einen Topf mit Erdsubstrat, wo sie fleißig weiterwachsen.

Schon bald nach Gründung erhält sie einen Forschungsauftrag aus der Energiewirtschaft. Das hilft schieben. Sie arbeitet sehr technologie-orientiert und fokussiert sich nicht auf ein Produkt oder eine Dienstleistung, sondern auf ein System, das dahinter steht. Dieses System wiederum besteht aus der bereits erwähnten, eigens entwickelten Nährlösung, die es überhaupt erst möglich macht, Pflanzen „in vitro" zu vermehren.

Mit dieser ausgeklügelten Biotechnologie produziert sie – in höchster Güte und zudem im Rekordtempo – zunächst Rhododendren. Jedes neue Pflänzchen ist ein Klon der Mutterpflanze. Entsprechend kommen natürlich nur extrem gesunde „Mütter" zum Einsatz. Deshalb sind die nachfolgenden Gewächse auch so robust und haltbar. Ein Grund mehr für den Markt, bei piccoplant treuer Kunde zu werden.

Schon bald wird das Sortiment erweitert. Zum Basisgeschäft hinzu kommen Azaleen, Flieder, Bambus sowie Heil- bzw. Arzneipflanzen. Ein besonderes Anliegen ist ihr von Anfang an die Produktion von speziellen Biomasse-Pflanzen zur alternativen Energiegewinnung. Dieser nachwachsende Rohstoff hat den enormen Vorteil, dass die hier produzierte Biomasse dank mehrjähriger Kulturen und umfangreicher Wurzelmasse, die das Wasser filtert, mehr als zwanzig Jahre auf demselben Boden wächst, ohne diesen – wie z. B. bei Mais – auszulaugen. Zudem gedeihen die Pflanzen auch auf äußerst mageren Böden, sodass sich damit das globale Energieproblem reduzieren ließe.

Es gibt aber auch jenseits des Basisgeschäftes interessante Aufgaben. So zum Beispiel Forschungen zum Thema Virusbefreiung. Dem Team ist es dank langjähriger Erfahrungswerte gelungen, virusfreie Elitebestände zu produzieren. Ebenfalls ein Erfolg mit großer Reichweite.

Mit grünem Daumen

Wachstum, das ist das Stichwort. Bei piccoplant wächst scheinbar alles, was Elke Haase in die Hand nimmt. Mit den Pflanzen gleichzeitig auch der Erfolg. Was viele gar nicht wissen: Hier haben wir einen echten „hidden champion". Wer rechnet schon damit, dass sich ganz in der Nähe des Fliegerhorstes das Zentrum eines „Fliederhorstes" verbirgt? Sage und schreibe 300 verschiedene Fliederarten werden hier gezüchtet bzw. vermehrt. „Genetische Vielfalt contra Sortenarmut."

Flieder ist überhaupt ihr Thema. „Wir sind Weltmarktführer in diesem Bereich, das wollte ich schon immer sein." Sagt's und lacht, denn sie hat es tatsächlich geschafft! Weil sie eine Vision hatte, weil sie sich zu keinem Zeitpunkt entmutigen ließ und weil sie immer am Ball geblieben ist. Drei handfeste Gründe für ihre ganz persönliche Erfolgsgeschichte.

Der Flieder begleitet sie in mehrfacher Hinsicht. Weil die Pflanze außerhalb der Blüh-Phase eher schlicht daherkommt, hat sie jetzt ein eigenes Label entwickelt: Lovely Lilac. Dazu gehört ein Pott-Cover (eine farbig bedruckte Topf-Manschette aus Pappe) sowie ein Etikett am Stab, das auch mit Duft zu haben ist. Das aufklappbare, p-förmige Bild-Etikett gibt neben wichtigen Pflanzhinweisen natürlich auch Auskunft über Namen, Farbe und Herkunft. Außerdem erfahren wir im Rahmen einer kurzen Story etwas über den Namensgeber. Optisch angereichert wird das Ganze noch mit einer kleinen Fee. Dass dies ein gelungenes Marketinginstrument ist, beweisen schon jetzt die wachsenden Bestellungen über den Online-Shop.

Auch privat gilt dem Flieder ihre Leidenschaft. Sie sammelt alles, was damit zu tun hat: Aquarelle, Ölbilder, Postkarten, Broschen und andere Schmuckstücke, Knöpfe, historische, zum Teil von Hand colorierte Kupferstiche, Porzellan ... Einfach alles, was sie bekommen kann. Sogar eine uralte Schelllack-Schallplatte nennt sie ihr Eigen, auf der „Wenn der weiße Flieder wieder blüht" von Franz Doelle zu hören ist. Eine Erklärung für diese Begeisterung hat sie auch gleich parat: „Biologen sind ja von Haus aus Sammler." Schon als Kind habe sie sich immer auf die Blütezeit des Flieders gefreut.

Unterwegs im Hier und Jetzt

Mit Gerhard Schröder auf Indienreise, mit Joachim Gauck im Baltikum, diese Frau kommt rum in der Welt. Da piccoplant alljährlich Millionen von Jungpflanzen und Fertigware (80 % des Umsatzes) in 25 Länder der Welt exportiert, gibt es auch immer einen Grund, mal wieder unterwegs zu sein. Das Gute ist, Elke Haase schätzt es sehr, in fremde Länder zu reisen und mit vielen Menschen zu kommunizieren. Aber mindestens genauso gerne kommt sie von ihren Reisen zurück nach Oldenburg. Hier ist ihr Zuhause, hier ist der Mittelpunkt ihres Lebens.

Über einen Zeitraum von zehn Jahren gab es sogar eine Dependance in Indien. Doch trotz zahlreicher Vorteile hat es nicht wirklich funktioniert, dort dauerhaft zu produzieren. „Es ist doch eine völlig andere Kultur."

Auch nach 25 Jahren ist das Geschäft jedoch kein Selbstläufer. Um weiter bekannt zu werden, ist piccoplant auf vielen in- und ausländischen Fachmessen vertreten. Alle Sinne auf Empfang haben, Chancen erkennen und sie nutzen, das sind drei weitere Gründe für ihren Erfolg. „Manchmal entscheide ich auch intuitiv." Das Wichtigste aber ist ihr, dass die Arbeit Spaß macht. „Sie nimmt schließlich fast die Hälfte meines Lebens ein."

Mehrfach ist sie für ihre Forschung und ihr Engagement ausgezeichnet worden. Weil sie z. B. die Russen mit ihrem Flieder begeisterte, hat man sie mit einer glänzenden Medaille für Internationalität und Frieden geehrt. Noch heute besteht ein enger Kontakt zum Botanischen Garten in St. Petersburg. Insbesondere die alten russischen Sorten haben es ihr angetan mit ihrem betörenden Duft und den traumhaften Farben.

Wann immer sie über piccoplant erzählt – und sie erzählt gerne davon –, sie spricht nur vom „Wir". Daraus ist eine große Wertschätzung gegenüber ihren rund 70 Mitarbeiterinnen und Mitarbeitern erkennbar. Dass sie seit Jahren ein anerkannter sozialer Integrationsbetrieb ist, erwähnt sie hingegen nicht. Tatsache aber ist, dass knapp 20 Mitarbeiter schwerbehindert und „voll integriert" sind.

Es gibt so viele spannende Geschichten, von denen sie berichtet. Fasziniert sei sie wie am ersten Tag. Wohl dem, der das nach so vielen Jahren noch sagen kann. Diese Frau lebt für piccoplant, diese Frau *ist* piccoplant, ebenso lebendig wie erfrischend. Und wenn es mal Probleme gibt? „Dann setze ich mich an meinen Schreibtisch oder gehe mit meinem Rottweiler Quaestor spazieren und denke nach und denke nach und denke nach. Irgendwie finde ich immer eine Lösung."

Michaela Hanken

Das Feuerwehrkaffee:
Endlich angekommen

Wer zwei Kinder alleine großzieht, dabei in Vollzeit Wirtschaft und Informatik auf Lehramt studiert und nebenbei noch in der Gastronomie Geld verdient, dem kann wohl uneingeschränkt eine große Portion Energie bescheinigt werden. So wie Michaela Hanken, einer Powerfrau, die an ihrem jetzigen Arbeitsplatz zudem mit Qualität, Ideen und ganz persönlichem Charme überzeugt.

Seit November 2008 steht sie dienstags, donnerstags und samstags mit ihrem roten „Feuerwehrkaffee" auf dem Oldenburger Pferdemarkt, freitags noch auf dem Wochenmarkt in Rastede. Das mit dem Lehramt war nicht so wirklich ihr Ding. Und der Job im Außendienst, den sie nach dem Studium 2006 bis 2008 ausübte, hatte auch keine Zukunft. „Ich war immer irgendwie auf der Suche und habe vieles ausprobiert." Als begeisterter Wochenmarkt-Fan sieht sie im Sommer 2008 in Münster einen Ausschank auf vier Rädern. Davor viele Menschen, die sich unterhalten und dabei eine Tasse Latte Macchiato, einen Espresso oder Heiße Schokolade genießen. „Das ist doch die Idee!"

Jetzt zahlt sich das Wirtschaftsstudium doch noch aus. Sie macht sich Gedanken, schreibt ein Konzept und schaut sich nach dem entsprechenden Inventar um. Als sie im Internet gerade eine Kaffeemaschine ersteigern will, sieht sie, dass derselbe Typ auch ein als Verkaufswagen umgebautes Feuerwehrauto anbietet. „Ich hatte 20 Minuten Zeit, mich zu entscheiden." Das ist nicht viel, aber manchmal muss man im Leben eben spontane Entscheidungen treffen. Sie bietet bei diesem Deal alles Geld, das sie noch hat, und bekommt den Zuschlag. Umgehend macht sie sich auf den Weg nach Köln, wo das gute Stück steht.

Auf in den Kampf

Erst danach stellt sie fest, dass es gar nicht so einfach ist, einen festen Platz auf dem Markt zu bekommen. Die Hürde hat einen Namen: „Marktmeister". Im September 2008 steht sie dennoch das erste Mal auf dem Wochenmarkt, allerdings in Delmenhorst. Ihr Traum ist jedoch ein Platz auf dem Oldenburger Pferdemarkt.

Sie schreibt weiter Bewerbungen. Doch dort auf dem Pferdemarkt gibt es bereits ein Café, wie besagter Marktmeister ihr ebenso kurz und knapp wie unmissverständlich am Telefon mitteilt. Sie gibt aber nicht auf. „Hartnäckigkeit gehört schon ein bisschen dazu, wenn man sich selbstständig machen will. So schnell lass ich mich nicht ins Bockshorn jagen."

Dann ist es November, kalt und grau. Jetzt will sie es noch einmal über die freie Platzvergabe versuchen. Wer nämlich morgens um sieben Uhr mit seinem Verkaufsstand vor Ort ist, kann Glück haben, denn sobald jemand ausfällt, wird der Platz anderweitig vergeben. Sie hat Glück und darf ihren mobilen Kaffee-Ausschank neben den Kartoffelhändler Wolfgang Brieger platzieren. Die etwas schroffe Ansage des Marktmeisters: „Aber für Strom müssen sie selbst sorgen." Wenn der nette Nachbar nicht wäre ...

Auch der Marktmeister sieht schon nach kurzer Zeit ein, dass dieser Wochenmarkt zwei Cafés vertragen kann, zumal das Angebot der beiden gar nicht identisch ist. Sie darf also bleiben. Der bevorstehende Winter schreckt sie nicht, doch „einmal bin ich komplett eingefroren". Die Pumpe pumpt nicht mehr, der Frost legt das Café still. „Da muss man durch. Schlimm ist es nur, wenn der Winter nicht aufhören will." Wie sehr freut sie sich, wenn im Frühjahr die ersten Blumen wieder angeboten werden. Das ist der Moment zum Durchatmen. Viel Zeit bleibt dafür indes nicht, denn es hat sich bereits ein fester Kundenstamm gebildet, der sie auf Trapp hält.

Mittlerweile gibt es ein anderes Feuerwehrfahrzeug, besser ausgebaut und deshalb alltagstauglicher. „Baujahr 1967, älter als ich es bin." Dieses Fahrzeug ist super in Schuss, was sie nicht zuletzt ihrem Lebenspartner zu verdanken hat, der sich mit Autos auskennt. So kommt das Gefährt wieder problemlos durch den TÜV. Schweren Herzens trennt sie sich von ihrem Erstling, der seitdem in Wismar sein Glück als fahrbares Café versucht.

Jetzt ist sie auch im Besitz einer Industrie-Spülmaschine, in der nach Marktschluss das gesamte Geschirr gereinigt wird. Vorher musste diesen Job eine herkömmliche Haushaltsgeschirrspülmaschine machen. Die lief bei der Menge an Geschirr aber manchmal anderthalb Tage, sodass sie nach erfolgreichem Samstagsgeschäft erst am Montagmorgen wieder alle Tassen im Schrank hatte.

Keine Mogelpackungen

Überhaupt die Tassen: „Was ich von Anfang an favorisiert habe, waren vernünftige Größen und keine Mogelpackungen. Viele Cafés haben in den letzten Jahren zwar die Preise nicht erhöht, wohl aber die Tassen verkleinert." Zum

Glück gibt es in Oldenburg ein großes schwedisches Kaufhaus, das genau die richtigen Gefäße für Milchkaffee & Co. bereithält. Was den Kauf betrifft, so hat Michaela Hanken ein Prinzip: „Gibt es einen Tag, an dem mein Geschirr nicht ausreicht, stocke ich den Bestand sofort auf. Ich werde dort fast schon mit Handschlag begrüßt."

Genauso wichtig ist ihr die Qualität der angebotenen Getränke. Ihr Wissen über Kaffee ist enorm. So gerät sie richtig ins Schwärmen, wenn sie über Anbaugebiete, die verschiedenen Röstverfahren und Qualitätsunterschiede erzählt. Genauso sicher ist sie in der Wahl ihrer Maschinen. Ein Vollautomat, wie er heute nahezu überall üblich

ist und bei dem alles auf Knopfdruck funktioniert, kommt für sie nicht in Frage. Allein deswegen schon nicht, weil sie dann mit dem Rücken zu ihren Kunden stehen würde. Nein, sie schwört auf den Siebträger, der es ihr aufgrund verschiedener Arbeitsgänge ermöglicht, zwei, manchmal sogar drei Kunden gleichzeitig zu bedienen.

Individuelle Wünsche werden hier erfüllt. Auch das lässt diese Art von Kaffeemaschine zu. Manche mögen es eher „homöopathisch", andere mild und wieder andere kräftig. Die Steigerung von kräftig ist dann noch die „Herren-Variante", zum Beispiel beim Cappuccino. „Der ist schon was für Hartgesottene."

Und was die meisten „Normal-Kaffeetrinker" überhaupt nicht wissen, ist, dass es noch ganz andere Kriterien gibt, wenn es um guten Geschmack geht. Kaffee ist eben ein sehr sensibles Produkt, das sowohl auf verschiedene Wetterverhältnisse als auch auf unterschiedliche Mahlgrade und das zugefügte Wasser reagiert. „Das", so die Fachfrau „will alles bedacht sein, wenn man es ernst nimmt."

Die Kunden jedenfalls wissen all das zu schätzen. Sie fühlen sich willkommen, gut beraten und lecker verköstigt. Nur so ist es zu erklären, dass es an manchen Tagen zu mehr oder weniger langen Warteschlangen kommt. Doch die sind jedes Mal schnell abgebaut, denn längst schon wird sie von ihrem freundlichen Team unterstützt. Hier sitzt jeder Handgriff, alles läuft wie am Schnürchen. Es ist eine wahre Freude, ihnen bei der Arbeit zuzuschauen. Dabei haben sie bei den Stammkunden bereits verinnerlicht,

wer den Kaffee schwarz oder mit Milch und Zucker möchte und ob mit oder ohne Keks.

Apropos Stammkunden: Von vielen kennt sie die ganze Lebens- und Familiengeschichte. Manche melden sich sogar ab, wenn sie in den Urlaub fahren, damit sie sich keine Sorgen macht – was sie durchaus auch tut, wenn diese treuen Kunden „überfällig" sind.

Dass hier Kinder willkommen sind, sieht man schon von Weitem durch die zwei Sitz- bzw. Bankgarnituren im Mini-Format. „Kinder sind total wichtig auf dem Wochenmarkt. Schließlich sind das die Kunden von morgen. Und es soll ja sogar Kinder geben, die nicht wissen wie Kohlrabi aussieht oder ein Maiskolben." Während also die Kurzen ihren Milchschaum mit bestellter Schoko-Verzierung schlürfen, gönnen sich die Mütter einen gemütlichen Klönschnack. Was die Schoko-Deko betrifft, so gehören die Motive Flugzeug, Katze, Hase, Segelschiff und der legendäre Smiley zu den Rennern. „Ein kleiner Junge jedoch wollte nichts von all dem und bestellte sich eine Starwars-Figur."

Sehr kommunikativ

Kommunikativ ist hier am Stand nicht nur die Chefin, sondern das sind auch ihre Stehtische. „In Deutschland ist es ja noch immer unüblich, sich im Restaurant oder Café mit fremden Menschen an einen Tisch zu setzen. Bei Stehtischen jedoch ist das überhaupt kein Problem. Die Hemmschwelle tendiert gegen Null. Sobald jemand mit gefüllter Tasse nach einem Platz Ausschau hält, rücken die

Stehtisch-Kunden mit einem freundlichen Blick auf den Suchenden zusammen. Und schon stehen sich völlig Fremde gegenüber, die sich bald gar nicht mehr fremd sind. Auf diese Weise haben sich schon echte Freundschaften entwickelt. So gibt es an bestimmten Tagen Stammtische, die sich beispielsweise morgens um sieben Uhr vor der Arbeit treffen. Da begegnen sich dann regelmäßig – auch bei schlechtem Wetter – ansonsten ganz verschiedene Menschen. Dieses Ritual ist eine Freude für alle Beteiligten.

„Wenn ich auf diese Art und Weise Menschen zusammenbringen kann, dann freut mich das sehr. Ich möchte, dass sich meine Kunden wohlfühlen." Freuen tut sie sich ebenfalls, wenn jemand sagt, dass es bei ihr so gut schmeckt. „Das ist überhaupt die größte Anerkennung." Einer dieser Stammkunden hat sie neulich einmal als „international erprobte Kaffeefrau" tituliert. Das hat ihr gefallen, auch wenn sie noch nie in Brasilien oder anderen Kaffee-Anbaugebieten war.

Urlaub, ja das ist so ein Thema. „Länger als fünf Tage fahre ich nie weg." Natürlich gibt es Träume und gereist ist sie schon immer gerne. Wie damals, als sie mit einer Freundin und dem Trekking-Rad auf dem Jakobsweg quer durch Spanien fuhr. Auf der Stelle kommt sie wieder ins Schwärmen: „Dort werden auch Nicht-Religiöse spirituell" und „Alle laufen in dieselbe Richtung. Das ist einfach faszinierend."

Fragt man sie nach ihrem Erfolgsrezept, so sagt sie: „Ich stehe hinter dem, was ich verkaufe! So lange habe ich in meinem Leben nach der richtigen Tätigkeit gesucht, jetzt bin ich endlich angekommen. Das Feuerwehrkaffee ist genau das Richtige. Außerdem wollte ich schon immer etwas machen, was ein bisschen anders ist. Und nun kann ich bestimmen, wo's langgeht."

Reichtümer wird sie in dieser Branche nicht anhäufen. Das ist ihr bewusst und das ist auch in Ordnung für sie. Den Vorschlag, aus Ihrer Idee mit dem Feuerwehrauto ein Franchise-System zu entwickeln, hat sie dankend abgelehnt. „Das ist nicht meins." Ihr ist es wichtig, eine Arbeit zu haben, die sie mag, zu der sie jeden Tag gerne wieder bereit ist, auch wenn sie dafür mitten in der Nacht aufstehen muss. Sie liebt es, andere zu verwöhnen und sagt von sich selbst, sie sei außerordentlich dienstleistungsorientiert. „Wer in der Gastronomie arbeitet, muss sowieso einen bestimmten Charakter mitbringen." Wohl wahr!

Angekommen sein im Leben, einen Ruhepunkt gefunden zu haben, das ist ein gutes Gefühl. Trotzdem darf man weiter träumen, von einem Kaffeemaschinen-Geschäft vielleicht später einmal, von einer Reise nach Cuba, um die Insel zu „erfahren", von … Aber das alles wird wohl noch etwas dauern. Macht nichts, sie liebt ihren Job.

Jörg Hatscher

INTAX: Miteinander statt gegeneinander

Als kleiner Junge schon hat er nichts anderes im Kopf als Autos. Diese Tatsache ist eine Konstante im Leben von Jörg Hatscher. Mit Autos hat er noch immer zu tun. Das Schrauben war schon als Jugendlicher seine große Leidenschaft. Von da an dauert es auch gar nicht mehr lange bis sein Sinn fürs Geschäftliche erwacht.

„Mein Leben ist schnell." Das stimmt in mehrfacher Hinsicht. „Stillstand? Nein, das geht gar nicht!" Er braucht ständig neue Herausforderungen, entwickelt immer neue Ideen und verliert sich selbst dabei zum Glück nicht aus den Augen. Dienstleister sei er. Das sei seine Profession, etwas, was er gut könne. Ob als 18-Jähriger, der von Leer/Ostfriesland kommend in der Gastronomie gearbeitet hat, später als Taxifahrer („da ist man auch immer gleich Seelsorger"), noch später als Funkmietwagen-Unternehmer (der Betrieb gehört ihm auch heute noch) oder jetzt als Inhaber der INTAX GmbH. Es liegt ihm am Herzen, seine Kunden zufriedenzustellen. „Denn nur so kommt der Erfolg

auch zu mir zurück." Außerdem ist er einer, der die Sonnenseite des Lebens nicht nur genießt, sondern – ganz wichtig – sie auch sieht.

„Innovative Fahrzeuglösungen" steht auf seiner Visitenkarte. Und wirklich, was er mit dem Unternehmen INTAX auf die Beine gestellt hat, macht ihm so schnell keiner nach. Zuerst ist alles eine Vision. Eine Vision, die auf betriebswirtschaftlichen Erkenntnissen basiert. Wer schon mal versucht hat, ein Taxi bzw. einen Mietwagen zu verkaufen, weiß was gemeint ist. Bis zu 170.000 Kilometer wird so ein Fahrzeug im Schnitt im Jahr gefahren. Da ist es sinnvoll, es je nach Laufleistung zum optimalen Ersatzpunkt – der oft mit dem Ende der Garantiezeit zusammenfällt – wieder abzustoßen. Das Problem aber ist die Farbe.

Das ist die Idee!

„Wie wäre es, so ein Auto mit einer Folie zu überziehen, die man problemlos wieder entfernen kann?" Die Idee war geboren. Doch bis eine Folie gefunden wird, die allen Anforderungen entspricht, dauert es seine Zeit. Gemeinsam mit einem belgischen Hersteller gelingt es, einen solchen Werkstoff zu entwickeln. Jetzt – wir schreiben das Jahr 1996 – nimmt das Geschäft Fahrt auf!

Doch das ist erst der Anfang, denn „Innovative Fahrzeuglösungen" beinhalten weit mehr als nur die Folierung. Das Konzept wird schnell auf Innenausbauten erweitert. Jetzt heißt es: „Wo die Serien-Produktion der Fahrzeug-Industrie aufhört, fangen wir an." Dabei kommt ausschließlich qualifizierte Handarbeit zum Einsatz. Der Clou dabei ist, dass der vorherige Zustand zu 100 Prozent wieder herstellbar ist, sodass sich selbst Sonderfahrzeuge wie Fahrschul- oder Polizeiwagen mit relativ geringem Wertverlust wieder verkaufen lassen.

Für den Nutzer ist das nicht der einzige Vorteil. Beispiel Bundeswehr: Bei INTAX in Tweelbäke werden Militärfahrzeuge umgerüstet, die auch in Krisengebieten eingesetzt werden. Viele davon sind bereits zurückgekommen: Geländewagen mit Vierradantrieb, Busse, Transporter, LKW, Pickups, Limousinen ... das ganze Programm, überwiegend in militärgrün. Weil diese in der Regel mit etlichen Sonderfunktionen umgebauten Fahrzeuge hier in Oldenburg wieder in den Originalzustand versetzt werden (sämtliche zuvor ausgebauten Teile wurden dazu extern gelagert und können nun wieder montiert werden), konnten sie kostengünstig geleast werden. Mit anderen Worten: Der Kunde – in diesem Fall der Staat – muss sich nicht um den Verkauf kümmern, und die vollständig auf den zivilen Zustand zurückgerüsteten Fahrzeuge erzielen noch einen guten Preis.

Um einen kleinen Eindruck von dem Begriff „Sonderfahrzeug" bei der Bundeswehr zu bekommen, hier eine Liste mit Umbauten, die INTAX-Mitarbeiter Stück für Stück per Hand durchführen: Folierung, optische Kenntlichmachung durch Bauchbinde, Konturmarkierung und Beschriftung, Einbau von Seilwinde, Sonderfahrwerk, verstärkte Bremsanlagen, Zusatz-Innenspiegel, Kunstlederbezüge, Waffenkasten, Gepäckgitter, Signalbalken, LED-Display, Funk-Ausrüstung und noch vieles mehr für spezielle Einsätze. Jedes Fahrzeug eine individuelle „Baustelle".

Win-win-Situationen sind das Ziel

Überhaupt die Kunden: Auch wenn es immer wieder vorkommt, dass eine Privatperson ihr Auto folieren lässt (wobei es da sehr ausgefallene Wünsche und Design-Ideen gibt), so hat INTAX verhältnismäßig wenige Endverbraucher als Kunden. Der Fokus liegt auf den Hauptkunden aus der Automobil-Industrie. Ein Blick auf die Website macht deutlich, dass hier die gesamte Riege namhafter Fahrzeughersteller Schlange steht – deutsche wie ausländische. Da laufen auch schon mal die hochstehenden Konzern-Persönlichkeiten durchs Büro. Nicht nur bei der Serienfertigung, sogar schon bei der Prototyp-Entwicklung ist Hatscher mit im Boot. Aus diesem Grund gibt es auch blickdichte „Garagen" innerhalb der Werkhalle. „Spionageversuch zwecklos!"

Dass die Hersteller so viel Vertrauen haben, obwohl hier „schon sehr tief ins Original eingegriffen wird", spricht eindeutig für die Qualität der – natürlich komplett zertifizierten – Arbeit. Das mag unter anderem daran liegen, dass es bei INTAX fast nur Spezialisten gibt. „Es macht keinen Sinn, dass jeder alles kann." Der das sagt, schließt sich selbst dabei nicht aus. Er ist nur derjenige, der das ganze System antreibt, der die Ideen hat und sie voranbringt. Ein Perfektion ist, wie er im Buche steht. Ganz oder gar nicht. Dazwischen gibt es nichts.

Solche Menschen sind nicht immer ganz einfach, zudem Hatscher sich auch noch als „Kontroll-Freak" bezeichnet. Die Fäden hält er schon gern selbst in der Hand. Das ist zum einen Veranlagung und zum anderen Erfahrung. Trotzdem kann er sehr gut delegieren und die anderen dann auch „in Ruhe lassen".

Der Anspruch zum Perfekten jedoch ist Teil seines Erfolgsrezeptes. „Ich betreibe jeden Prozess ernsthaft. Und zwar bis zum Schluss." Ein anderer Teil besteht darin, dass all diejenigen profitieren sollen, die an dem Gesamt-Prozess beteiligt sind. Dieser Gedanke wird dann stimmig, wenn man die Wertschöpfungskette einmal aus der Nähe betrachtet: Durch die Dienstleistungen, die Hatscher seinen Kunden bietet, verkaufen sowohl die Hersteller als auch die Händler mehr Automobile. Ein Taxi-Unternehmen kann seine Fahrzeuge günstiger abstoßen, um sich neue zu kaufen. Das wiederum hat zur Folge, dass dessen Kunden sich immer in einem neueren Auto kutschieren lassen können. Und nicht zuletzt hat auch INTAX gefüllte Auftragsbücher. Eine geschlossene Kette von „Gewinnern".

Auch wenn Jörg Hatscher ein total pingeliger Typ – oder anders gesagt: ein detailverliebter Mensch – ist, so kann er zwischendurch doch auch locker lassen. Er möchte schließlich, dass sein „Dream-Team" gerne zur Arbeit kommt, so wie er selbst. „Ich bin nur ein Rad im System." Diese Bodenständigkeit ist in der Mischung mit den anderen Komponenten wohl auch der Grund dafür, dass der Laden läuft. „Du musst authentisch bleiben und niemals einem kurzfristigen Umsatz hinterherrennen. Es geht nur miteinander, nicht gegeneinander."

Überhaupt, wenn es um die Wertschätzung seinen Mitarbeiterinnen und Mitarbeitern gegenüber geht, so weiß er genau, dass sich vieles im Leben spiegelt. „Ohne mein Team wäre ich gar nichts."

Es kam auch schon vor, dass das System außer Takt geriet. Was war passiert? Die Bundesregierung hatte 2009 mit dem Konjunkturpaket II beschlossen, den Automobil-Absatz mit der so genannten Abwrackprämie anzukurbeln.

Jeder der unter bestimmten Voraussetzungen sein Altfahrzeug in Deutschland verschrotten ließ und einen Neuwagen anmeldete, bekam eine staatliche, aber auch stattliche Prämie in Höhe von 2.500 Euro. Das bedeutete, dass fast ausschließlich Privatgeschäfte und kaum gewerbliche getätigt wurden, für die INTAX ja primär tätig ist. „Weil ich für die Folgen dieser Entscheidung einen frühzeitigen Riecher hatte, konnten wir den Umsatzeinbruch einigermaßen abfedern." Weitblick braucht es also auch, um langfristig erfolgreich zu sein. Das und die Fähigkeit, aus Krisen zu lernen.

Nervenkitzel? Ja, bitte!

Besonders schnell ist das Leben von Jörg Hatscher übrigens, wenn er mit seinem 20 Jahre alten, jedoch neuwertig aufgerüsteten Rennwagen auf der legendären Nordschleife des Nürburgrings Autorennen fährt: Langstreckenrennen über vier, sechs und sogar 24 Stunden. Die fährt er zusammen mit seinem 2012 gegründeten INTAX-Motor-sport-Team. Die Nordschleife gilt selbst bei den Profis als „unbarmherzig" und wird auch „Grüne Hölle" genannt. Wer hier mit weit mehr als 200 km/h die Kurven nimmt, muss wissen, was er tut. „Ein Fehler hat meist recht dramatische Folgen", so der dreifache Familienvater. Nur zur Info: Auf diesem Teil des Rings gibt es keine Auslaufzonen mit Autoreifen-Puffern. Da „bremst" im Falle eines Falles nur die Leitplanke. „Ich weiß, das ist nicht schlau, dafür aber aufregend."

Auch dieser Sport ist für Hatscher eine Herausforderung. Da hängt jede Menge Herzblut dran. Hier kann er abschalten vom Alltag. „Das ist mein Ausgleich, auch wenn es Stress pur ist. Genau das brauche ich, denn wenn man ruhiger wird, ist man auch angreifbarer."

Ich bereue nichts

Wenn er auf sein bisheriges Leben zurückschaut, ist er sehr zufrieden. „Unterm Strich bin ich schon stolz darauf, was ich erreicht habe."

Für ihn ist es wichtig, dass er jedem Kunden, jedem Mitarbeiter, eigentlich allen Menschen um ihn herum offen in die Augen schauen kann. Das funktioniert nur, wenn man ohne den Einsatz der Ellenbogen auskommt, wenn man rücksichtsvoll und ehrlich ist. „Na klar, man muss auch mal Kompromisse schließen und zurückstecken können. Doch nur wer die Tiefen kennt, kann auch die Höhen spüren."

So ist er, der Sonnyboy, erfolgreich, fleißig, charmant.

Der besten Mutter der Welt
Du bist mein Traum-prinz
Kleine süße Mieze
Für meine Allerliebste

Michael Hempen

Ein Schaustellerleben:
Mehr Glücksritter als Kaufmann

Eines vorweg: „Es gibt keinen Schausteller, der eine Yacht auf Mallorca besitzt." Der das sagt, kennt sich aus. Schließlich stammt er aus einer Familie, die seit Generationen diesen Beruf ausübt: Michael Hempen, Schausteller durch und durch. Geboren am 12. Mai 1960, pünktlich zum „Junimarkt" in Cloppenburg. Großeltern, Eltern, Sohn, Schwiegereltern, Geschwister, Tanten, Onkel, Schwager ... alles Schausteller.

Aufgewachsen im Wohnwagen mit Mutter, Vater und drei älteren Schwestern hat er neun Jahre lang 30 verschiedene Schulen jährlich(!) besucht. Das prägt! Nur die Wintermonate – und natürlich die Kramermarktszeit – hat er hier in Oldenburg verbracht. Heute ist er neben seinem Hauptberuf auch Vizepräsident des Deutschen Schaustellerbunds e.V. (DSB) und 1. Vorsitzender des Schaustellerverbandes Oldenburg – beides Ehrenämter.

Der Name Hempen hat in Oldenburg einen besonderen Stellenwert. Alle „Eingeborenen" denken sogleich an Au-

toscooter, Wellenreiter und Marionetten-Theater. „Hempen's süße Sachen" – so hieß der Stand vom Großvater, eine „Moppenbude", wie der Enkel sagt.

Dass in so einer Familie alle früh mit ran müssen, ist schon klar. Als Kind läuft das alles noch spielerisch: Der Junge kriegt eine Schürze um und darf für Opa die Mandeln abwiegen. Später wird es zur Pflicht. Denn – mal ehrlich –, welcher 14-Jährige hätte schon freiwillig die Rolle der „Marie und Luise, das Mädchen mit den zwei Köpfen" in der Schaubude übernommen?

Wir machen Freizeit zum Vergnügen

„Damals war das noch was anderes mit den Volksfesten." Erst recht, wenn man es historisch betrachtet. Zuerst waren es mittelalterliche Märkte. Später gesellten sich Gaukler hinzu, dann die Bader. Im Grunde ist das Volksfest der Geburtsort von Handel, Wandel, Unterhaltung, Theater, Nachrichtenaustausch und – der medizinischen Versorgung.

Heute hat sich das Schaustellerleben verändert. Noch nie gab es so viele Möglichkeiten, die Freizeit abwechslungsreich zu gestalten wie heute: Theater, Kino, Fernsehen („mit seinen fragwürdigen Gameshows"), Freizeitparks, Diskotheken, Computerspiele ... Die Liste ließe sich unendlich verlängern. Zwar mussten auch die Schausteller der vorigen und vorvorigen Generation ums Überleben kämpfen, doch heute herrscht ein „gnadenloser Kampf auf dem Freizeitmarkt".

Ein Beispiel: Der DSB vertritt circa 5.000 Schausteller-Familien. Das Schausteller-Gewerbe aber bietet insgesamt nur 3.000 Arbeitsplätze in ganz Deutschland. „Das war mal anders!" Grund dafür sind die erwähnten vielfältigen Möglichkeiten, sich in der Freizeit zu amüsieren. Auch die Tatsache, dass immer weniger Schützenfeste gefeiert werden, sorgt für Arbeitsplatzverluste innerhalb der Branche. „Das hat uns eine riesige Lücke gebracht, die nur schwer zu schließen ist."

Hohe Energie- und Spritpreise machen dem mobilen Gewerbe außerdem zu schaffen. Hinzu kommt eine Kostenstruktur, die allein auf den Schultern der Aussteller liegt.

Und das, obwohl sie nachgewiesenermaßen reichlich Kaufkraft in die Stadt holen wie das Beispiel Lamberti-Markt zeigt:

Einer Studie zufolge kommen u. a. zahlreiche Niederländer – aufgrund der vom Verband und der Stadt organisierten und finanzierten Werbe-Kampagne – im Dezember einzig und allein wegen des Lamberti-Marktes ins weihnachtliche Oldenburg. 20 Prozent des Geldes, das sie an so einem Tag ausgeben, bleibt bei den Schaustellern, von den restlichen 80 Prozent profitieren die Händler der Innenstadt. „So sieht das aus." Doch das ist noch nicht alles: Das Meiste von dem, was auf dem Markt verzehrt wird, kommt aus der Region: Bratwurst, Süßwaren, Alkoholika. Auch hieran „labt" sich die regionale Wirtschaft.

Und wenn alle Karussells bereit sind und die Kirmes eröffnet wird, ja dann hoffen alle Schausteller auf gutes Wetter. Denn wenn es regnet, bleiben die Leute zu Hause und dann ist es wieder Essig mit dem Geldverdienen.

Jetzt geht's ums eigene Marketing

Doch wer wie Michael Hempen in so eine Familie hineingeboren wird, der kann nicht anders. Und der bereut nichts, es ist genau sein Ding. Die ganze Angelegenheit ist für ihn eher eine Herausforderung. „Wir müssen uns gut positionieren", so lautet einer seiner markigen Sätze. „Nicht das Geschäft verkauft, sondern die Menschen. Und der Beruf kommt schließlich von ‚zur Schau stellen'." Das bedeutet, jetzt geht es ums eigene Marketing, jetzt werden die Feste und damit die Arbeitsplätze selbst organisiert. Das erfordert ein Umdenken.

Mittlerweile hat man auch auf Verbandsebene erkannt, dass es ums Qualifizieren geht. Schausteller sind im Grunde alle multifunktionale Genies. Sie arbeiten als Elektriker, Schwertransport-Fahrer, Maler, Lagerarbeiter, Manager, Schweißer, Verkäufer, Kassierer, Kaufleute, Buchhalter und Sicherheitsbevollmächtigte. Doch mit Ausnahme des Führerscheins haben sie für keine dieser Tätigkeiten ein offizielles Zertifikat. Das aber zählt in Deutschland. Spätestens der 2011 geborene Enkelsohn soll mal „was Richtiges lernen". Damit er später flexibler ist, nicht etwa damit er dem Schausteller-Gewerbe untreu wird.

Zuckerwatte satt

Mit 40 etwa, da gab es bei Michael Hempen mal so einen Moment, an dem er ins Grübeln kam: Ist es richtig, was du hier machst? Willst du dein Leben lang den Kasper spielen? „Doch das war nur ganz kurz. Außerdem: Ich kann ja gar nichts anderes."

Als Kind fand er alles einfach klasse, seine „schönste Zeit". „Das Volksfest war unser Spielplatz. Wir Schausteller-Kinder konnten Zuckerwatte essen, Autoscooter und Karussell fahren, wann immer wir wollten. Kostenlos, versteht sich." Allerdings gab es dafür auch unzählige inoffizielle Erziehungsberechtigte. Schausteller-Nachbarn waren wie Onkel und Tanten und so wurden sie auch genannt. Jeder kennt jeden seit Jahren, kennt die ganze, generationen-

lange Familiengeschichte, kennt alle Sorgen und Nöte. Wie in einer großen Familie. Dieses enge Beisammensein beinhaltet auch, dass die Kinder immer irgendwie unter Kontrolle sind. Jeder der Erwachsenen hat ein Auge auf die Kurzen.

Diese eingeschworene Gemeinschaft der Schausteller würde nie einen anderen „hängen lassen". Sie haben ihre eigene Sprache und es gibt – ähnlich wie bei den Zirkusleuten – ungeschriebene Gesetze. „Ohne diese Gesetze würde kein Volksfest bestehen." Das fängt beim Aufstellen der Wohnwagen an, geht weiter übers Aushelfen jeglicher Art (Arbeitskraft, Lebensmittel, Werkzeug etc.) und hört beim gemeinsamen Feiern noch lange nicht auf.

Ein bisschen exotisch

Von klein auf verfolgt er im engen Wohnwagen die Gespräche, Diskussionen und Problem-Lösungen der Großen. Genau dieses Immer-wieder-miteinander-Reden und dem anderen zuhören ist es, was ihn später im Umgang mit Behörden und Kollegen, aber auch auf Verbandsebene so erfolgreich werden lässt. Er sucht das Gespräch, um grundsätzlich für alle Beteiligten den besten Weg zu finden. Auf diese Weise ist er z. B. von den Mitarbeitern der Ordnungsämter längst als Fachmann, ja als Kapazität auf seinem Gebiet anerkannt.

Schausteller sind stolz auf ihren Beruf. Sie pflegen ihr Ethos und wissen doch, dass sie Exoten sind. Vielleicht gerade deswegen. Nicht in allen kleinen Dörfern, wo am Wochenende Kirmes ist, empfängt man sie mit offenen Armen. Manchmal werden sie misstrauisch beäugt, „nur weil sie uns nicht kennen".

Würden die Menschen sie besser kennen, würden sie anders denken. Denn Ehrlichkeit, Zuverlässigkeit und Respekt sind Werte, die bei Schaustellern ganz weit oben rangieren. Natürlich gibt es schwarze Schafe, wie überall. Die Mehrheit aber ist sozial vollkommen integriert, ob jung oder alt. „Ich denke, wir haben die geringste Scheidungsrate. Rücksichtnahme und das Miteinander sind uns extrem wichtig."

„Ich bin ja meistens weg"

Jede Woche woanders, sein Leben lang, außer in den Wintermonaten, kein freies Wochenende, ... Dazu muss man wohl geboren sein. Kein Problem für Michael Hempen. „Das ist mein Leben! Ich möchte mit niemandem tauschen." Seine Wurzeln aber hat er in Oldenburg. So lebt die Familie im Januar/Februar mit vier Generationen hier unter einem festen Dach.

Dieses war für seinen Vater das erste feste Dach, als er das Haus im 70. Lebensjahr bezog. Was für viele unvorstellbar ist, in Schausteller-Familien ist es völlig normal. Auch, dass man in dieser Branche arbeitet bis es nicht mehr geht ... normal. Dass wenn die Rente nicht reicht – so man überhaupt einen Anspruch darauf hat –, die Kinder sich als Altersversorger qualifizieren ... normal. Manchmal ein bisschen Angst vor der Zukunft ... normal.

Nicht aufgeben, sich nicht unterkriegen lassen, nach vorne sehen. Das ist Michael Hempens Weg. „Ich beherrsche mein Geschäft. Auch wenn ich mehr Glücksritter als Kaufmann bin." Vieles von dem, was er weiß, hat er vom Vater gelernt. Und der von seinem Vater. Jetzt ist ja auch schon sein Sohn, also die nachfolgende Generation im Geschäft. Gearbeitet wird immer Hand in Hand, ein Familienbetrieb eben. Und wenn er mal wieder für seine Ehrenämter auf Verbandsebene aktiv ist, dann muss die Familie die entstehende Lücke füllen. Das tut sie auch, es ist selbstverständlich.

Als DSB-Vizepräsident versteht er es, alle relevanten Ämter und die Stadtväter mit ins Boot zu holen. „Wir pflegen eine vertrauensvolle Zusammenarbeit. Dabei ist vor allem das Zuhören wichtig. Nur so entsteht gegenseitiges Verständnis."

Einer, der besonders gut zuhören konnte, war der ehemalige Bundeskanzler Gerhard Schröder. Als gebürtiger Hannoveraner wusste er als Kind bereits das größte Schützenfest Deutschlands zu schätzen. So kam es 2003 zu einer Einladung ins Bundeskanzleramt. „Das war ein absolutes Highlight! Am Anfang etwas steif, aber schon nach einer halben Stunde wurde es ganz locker." Auch mit Angela Merkel hat er auf dem Oldenburger Kramermarkt schon Kaffee getrunken. Das war im Jahr 2007. „Sehr sympathisch und auch interessiert."

Erfolg definiert sich für Michael Hempen nicht allein übers Geld. „Nein bestimmt nicht, dazu gehört viel mehr." Wichtig ist es, für den Beruf zu „brennen", nichts anders machen zu wollen und sich mit seinen Vorstellungen auch durchsetzen zu können. Eines jedenfalls vermisst er nicht: eine Yacht auf Mallorca.

Dieter Högemann

TRENDWENDE: Von der Lust, etwas zu bewegen

Als seine Frau Ulla im Jahr 1984 einen kleinen Laden gründet, in dem sie ökologische Farben, Bodenbeläge sowie Bastel-Utensilien verkauft, gibt es zunächst keinen Masterplan. „Das war eine reine Schnapsidee", geboren auf einer Fachmesse in München, die Dieter Högemann als Berufsschullehrer zusammen mit seinen Schülern besucht. Als er seiner Frau von der Idee eines Ladens berichtet, ist sie Feuer und Flamme. Zwölf Quadratmeter im Bloherfelder Eigenheim, das ist der Anfang. „Klein, aber mein!" Der Weg ins Geschäft führt durch die Privatwohnung.

Mit Farben kennt sich Högemann bestens aus. Er ist selbst gelernter Maler und sollte – obwohl er doch der „Schnötter", also das jüngste von insgesamt sechs Kindern ist – ursprünglich den Meisterbetrieb seines Vaters übernehmen. Doch der stirbt leider schon als er noch in der Ausbildung ist. Gemeinsam mit der Mutter gelingt es ihm, den Laden noch anderthalb Jahre über Wasser zu halten. Doch dann stellt sich heraus, dass Sohn Dieter einen anderen Weg gehen will: Zunächst begibt er sich auf den Zweiten Bildungsweg, anschließend studiert er sechs Semester an der Gesamthochschule Paderborn als angehender Diplom-Ingenieur für Verfahrenstechnik, wo er als frischgebackener Lack-Ingenieur im Jahr 1976 abschließt.

Als Quereinsteiger landet er 1980 an der Berufsschule in Rostrup. Dieser Job ist wie für ihn gemacht. Mit viel Engagement gelingt es ihm immer wieder, seine Schülerinnen und Schüler zu motivieren. „Fördern und fordern", das ist sein Konzept, auch wenn es zu dem Zeitpunkt noch niemand so klar formuliert hat.

Doch zurück zum häuslichen Laden. Der entwickelt sich so gut, dass dessen Fläche nur zwei Jahre später mehr als verdreifacht wird. Jetzt stehen satte 40 Quadratmeter zur Verfügung. Während des Umbaus wird eben einfach aus der Garage heraus verkauft.

Das alles hätte eigentlich so weitergehen können, aber ... Ende der 1980er-Jahre hat er zusammen mit einem Partner aus der Holzbranche die Idee, etwas Größeres aufzubauen. Etwas, das es in Oldenburg bisher noch nicht gibt: einen großen Laden für Baustoffe, Farben und Holz. Die Prämisse dabei lautet, alle Produkte müssen biologisch, ökologisch und ästhetisch sein. Lauter Dinge eben, die dem Menschen gut tun und bei denen ein gesunder Umwelt-Kreislauf sichergestellt ist.

Ein Jahr lang wird diese Idee intensiv vorbereitet. Ein Jahr, in dem Högemann immer wieder überlegt, ob er seinen sicheren Arbeitsplatz als Berufsschullehrer wirklich aufgeben und dort mit einsteigen soll. Einen Namen für das neue Unternehmen gibt es bereits: TRENDWENDE. Einerseits ist dieser Name gleichzeitig Motto: Die Öko-Bewegung nimmt seit Mitte der 1980er-Jahre in Deutschland – und auch in Oldenburg – gerade richtig Fahrt auf. Andererseits gibt es ein Magazin mit eben diesem Namen. Dahinter steht ein unabhängiger Informationsdienst, herausgegeben von Jochen Uebel. Die von 1982 bis 1989 monatlich erscheinende Zeitung trägt den Untertitel „Be-

wußtsein und Umbruch in der Gesellschaft". Inhalte sind u. a. Trends in den Bereichen Bewusstsein und Meditation. Inhalte, die auch Dieter Högemann beschäftigen.

Und dann die Entscheidung: Ja, das machen wir! Damit wächst sein Lebenspuzzle wieder ein Stück weiter zusammen. Sukzessive wird mit jedem dieser beruflichen Puzzlestücke nun endlich etwas Ganzes. Denn diese neue Tätigkeit wird einmal zu seiner Berufung und zwar, obwohl er weder gelernter Kaufmann noch Verkäufer ist. „Ein typischer Autodidakt." Aber es klappt, es klappt sogar besser als erwartet. Allerdings gehört auch eine gute Portion Glück dazu. „Erfolg ohne Glück, das gibt es gar nicht."

Selbst und ständig

Ab jetzt also selbstständig. Er sei kein Öko-, aber ein Natur-Freak, sagt er. Wichtiger als das Etikett sind ihm der Inhalt und die geistige Ausrichtung, die hinter einem Produkt stehen. Insofern ist er zu diesem Zeitpunkt immer auch Pionier.

In der Alexanderstraße finden sie ein Domizil. Zur richtigen Zeit am richtigen Ort. Es gelingt dem Team tatsächlich, Trends zu setzen. Zum Beispiel im Umgang mit bestimmten Baustoffen: Kalk, Lehm und natürlich Malerartikel wie zum Beispiel Wand-Lasuren. Fast seismografisch beobachtet er den Markt. Seine Informationen erhält er über Gespräche mit Handwerkern, Lieferanten und Kunden. Es entwickelt sich ein großes Netzwerk, das bis heute existiert, sowohl fachlicher als auch sozialer Art.

Mit sehr viel Herzblut und Leidenschaft stürzt er sich hinein in die neue Aufgabe. An Motivation fehlt es ihm nicht. Geld zu verdienen ist die eine Sache. Die andere aber ist: Lebensfreude. Das tun zu können, was man gerne macht. Die Freiheit, etwas selbst zu gestalten, etwas zu bewegen, das sind Werte, die für Dieter Högemann zählen und immer gezählt haben. Einkauf, Marketing, Verkauf, er wird zum Mann für alle Fälle. Er ist ein „Macher, weniger ein Analytiker" – im Gegensatz übrigens zu seiner Frau, die im Unternehmen mitarbeitet. Ein perfektes Team also. Wie gut, dass er dazu noch das organisatorische Talent seines Vaters geerbt hat. Das hilft ihm, den Überblick zu behalten.

Fallen und Aufstehen

Natürlich muss auch er erst lernen, wie das „Aufstehen" nach dem „Hinfallen" funktioniert. Zum Beispiel 1995, als es zur Trennung vom bisherigen Geschäftspartner kommt. Für die Kundschaft ist diese geschäftliche Krise kaum erkennbar. Doch hinter den Kulissen muss alles neu ausgerichtet werden – immer pragmatisch und mit dem Antrieb, die Geschäfte am Laufen zu halten.

Den Blick ausschließlich nach vorne gewendet, gelingt es ihm, die Krise nicht nur zu überwinden, sondern an ihr zu wachsen. Es wird nicht lange lamentiert, sondern angepackt. Der liebe Gott hat ihn, Högemann, schließlich mit einer Extra-Portion Kreativität ausgestattet. Jetzt wird also das Angebot überarbeitet, das Marketing weiterentwickelt, werden die Mitarbeiter motiviert. „So viele positive Kräfte haben sich damals entwickelt, das war einfach großartig."

Ohne die Unterstützung seiner Frau hätte er das alles aber wohl nicht geschafft. Dabei zieht sie parallel auch noch die vier gemeinsamen Kinder groß.

Die nächsten Jahre steht der Kurs auf Expansion. Es boomt. Allerdings heißt das, dass Högemann nicht selten mal 80 Stunden in der Woche im Einsatz ist. „Bis 1998 hatte ich immerhin noch einen zusätzlichen freien Tag in der Woche. Seitdem gibt's nur noch einen Tag für mich, den Sonntag."

Tatsache ist, dass der Markt und die Kunden sein Angebot sehr schätzen. Was will man mehr? Gegen Erfolg ist ja nichts einzuwenden. So kommt es, dass er mit der Zeit weitere Läden in Berlin, Bremen, Hannover, Osnabrück, Wilhelmshaven, Bad Oeynhausen, Aurich und Bremerhaven eröffnet. Nicht als Franchiser, sondern noch ganz nahe dran am Mutterhaus. Das bedeutet natürlich, dass er ständig unterwegs sein muss.

Zunächst noch sagt er sich: „Wir versuchen es, wenn's nicht klappt, dann schließen wir die Filialen einfach wieder." Doch das Rad nimmt immer mehr Schwung auf, dreht sich immer schneller und … läuft aus der Bahn. 2005 fängt es an, Högemann zu überholen. „Zu viele Baustellen." Es stellt sich heraus, dass kein Laden eine echte Chance hat, solange keine eigenständige Unternehmer-Persönlichkeit vor Ort ist. Högemann kann jedoch nicht überall gleichzeitig sein.

Drei Jahre dauert die Krise, drei lange Jahre, in der der Mensch Högemann oft an seine Belastungsgrenze geht. Doch wieder sagt er sich: „Es gibt nur eine Richtung, und die führt nach vorne." Mit sehr viel persönlichem Einsatz schafft er es, das Unternehmen wieder zu verkleinern. Vieles kommt in dieser Zeit zu kurz, die Kinder, die Partnerschaft, die Lebensfreude. Konstant arbeitet er Punkt für Punkt ab. Hinzu kommt, dass ihm das Glück 2006 einen neuen Geschäftspartner zuschanzt, sodass er einiges abgeben kann. Heute existieren neben dem Geschäft in Oldenburg „nur" noch vier weitere in Bremen, Osnabrück, Hannover und Berlin.

Potenzial entwickeln

Jetzt passt es wieder. Wieder mal gewachsen an einer Krise, kehrt er zurück zu seinem Kerngeschäft. Dazu gehört übrigens auch die Ausbildung junger Menschen. Dies ist ihm ein besonderes Anliegen. „Ich habe das Gefühl, die Öko-Branche wird über kurz oder lang ein Problem bekommen, denn das Gros kümmert sich nicht um den qualifizierten Nachwuchs." Hier kommt der engagierte Berufsschullehrer wieder zum Vorschein. „Was gibt es Schöneres, als das Talent eines Azubis zu wecken und zu fördern?" Auch hierbei hat er offenbar sehr viel Glück und/oder ein gutes Händchen. Schon mehrfach ist es ihm gelungen, das Potenzial eines jungen Menschen zu entdecken und zu entwickeln, sodass nach Abschluss der Ausbildung die erfolgreiche Zusammenarbeit weitergeht. Win-win sozusagen.

Auf sein Team lässt er ohnehin nichts kommen. „Wir stehen grundsätzlich in ganz engem Austausch und es gibt keine klassische Hierarchie. Autorität, ja! Autorität: nein! Jeder ist bei uns für seinen Bereich verantwortlich. Ich gebe nur die grobe Richtung vor und sitze dann viel lieber in der zweiten Reihe." Eine Position, die ihm nach eigener Aussage sowieso am besten gefällt. „Meine Leute sind alle motiviert. Sie arbeiten autonom und das gibt dem Ganzen eine unglaubliche Dynamik."

Diesen Schwung spüren auch die Kunden, von denen die meisten Stammkunden sind. Rund 40 Prozent davon kommen aus dem gewerblichen und handwerklichen Bereich. Die Beratung, der Verkauf, alles läuft hier auf Augenhöhe. Kein Kunde ist wichtiger als der Verkäufer, aber auch umgekehrt gilt dies. „Locker bleiben und Spaß haben", so lautet bis heute die Devise. Möglichst viel Pragmatismus und wenig Bürokratie, das ist ihm wichtig. „Der Einzelhandel hat nur dann eine Chance, wenn der Funke zwischen Verkäufer und Kunde überspringt."

In einer Zeit, in der laut Högemann – nicht nur bedingt durch Online-Käufe – die gute, alte Handelskultur langsam stirbt, „gibt es bei mir auch noch Handschlag-Geschäfte. Denn: Ohne Vertrauen geht im Leben gar nichts".

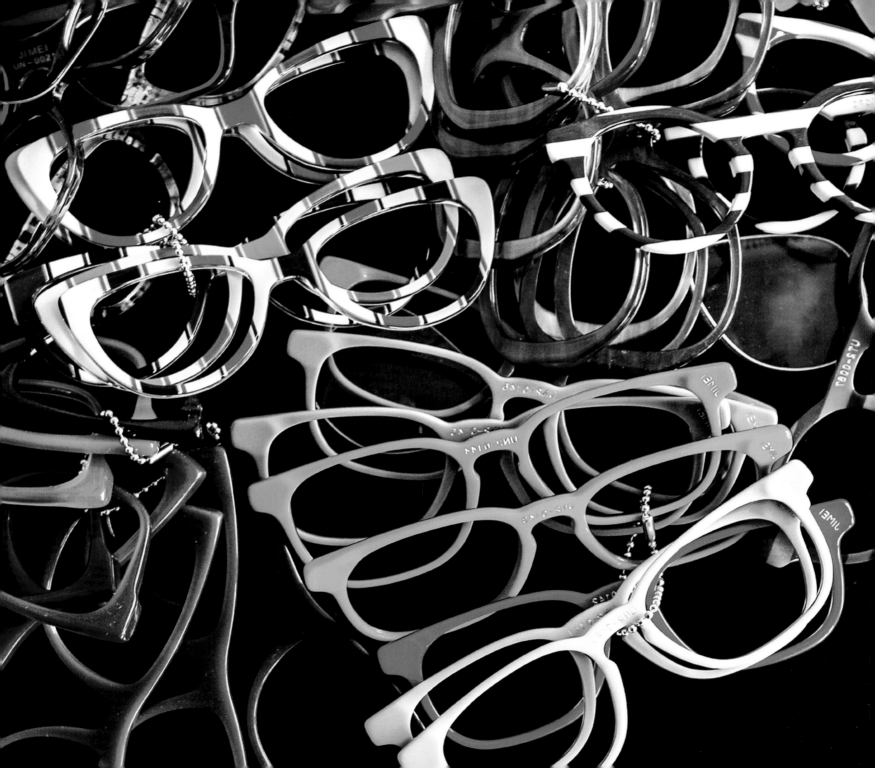

Matthias Hunecke

Brille24: Im Gründungsfieber

Als kleiner Junge wollte er Müllfahrer werden, „weil man da nur montags arbeiten muss". Letztendlich hat sich der erwachsene Matthias Hunecke für einen anderen beruflichen Weg entschieden. Seine Geschichte ist eine ganz besondere, sie klingt fast wie der „American Dream".

„Ich habe schon immer in Geschäftsmodellen gedacht", sagt er und bringt auch gleich ein Beispiel aus seiner Kindheit: Seine Mutter brachte vom Einkauf eine Packung Schokoladeneis mit nach Hause. Darüber freute sich der kleine Matthias natürlich sehr. Doch sofort rechnete er sich aus, wie viele Kugeln so ein Liter hergibt und wie viel er als Eishändler damit verdienen würde. Vielleicht ist das ganz normal für ein Kind, dessen beide Elternteile kaufmännisch tätig sind?

Beim nächsten Beispiel ist er schon jugendlich, ein durchschnittlicher Schüler der elften Klasse. „Schule? Die war meistens langweilig." Rechnen kann er allerdings sehr gut.

An seinem Freiherr-vom-Stein Gymnasium in Bünde/Westfalen gibt es eine Schülerzeitung, die zweimal jährlich erscheint und 50 Pfennige kostet. Ob es an seiner Schreibe oder am Thema liegt, das ist nicht ganz klar. Tatsache jedoch ist, dass die Herausgeber des „Steinschlags" – so heißt die Zeitung – sich weigern, seinen Artikel zu veröffentlichen. Was liegt da näher, als selbst eine Zeitung zu gründen?

Gesagt, getan! Hunecke verfasst eigene Texte, sucht sich Gleichgesinnte, die ihn unterstützen, vor allem aber akquiriert er wie wild Anzeigenkunden, die ihm den Druck seiner Schülerzeitung finanzieren sollen. Das Konzept geht auf. Die Zeitung, die den Namen „Jederman" trägt, erscheint monatlich, ist kostenlos und: sie wird im Gegensatz zum herkömmlichen Modell auch gern gelesen. Das ist das Ende des ursprünglichen Mediums an dieser Schule. Die Schreibweise „Jederman" mit nur einem „n" ist eine ganz bewusste Entscheidung. Unterstrichen werden soll damit, dass „man" nicht von „Mann" abgeleitet ist. Schließlich sollen sich auch die Mädchen angesprochen fühlen.

Warm laufen

Über die Schülerzeitung kommt er in Kontakt mit einem Menschen, der ihn lange Jahre begleitet, um genau zu sein bis heute. Wir schreiben das Jahr 1995 und es geht um die professionelle Organisation eines deutschlandweiten Wettbewerbs für Schülerbands. Zu diesem Zeitpunkt befindet sich Hunecke bereits mitten im Abitur. Dennoch übernimmt er nebenbei Verantwortung für die Durchführung des Wettbewerbs in vier deutschen Großstädten und darf sich „Leiter der Geschäftsstelle Bielefeld, Invent-Events Veranstaltungs GmbH, Hamburg" nennen.

Parallel dazu – er ist noch immer Schüler – hat er eine Idee. Und das kam so: Weil er wegen der Veranstaltungen viel unterwegs ist, kauft er sich ein Handy, allerdings geht er dazu nicht in den Laden um die Ecke, sondern kauft es für 600 DM im Großhandel. Doch ohne Vertrag kann er es nicht nutzen. Den besorgt er sich auf gleichem Weg und erhält eine Provision von 650 DM. Bleiben nach Adam Riese 50 DM

Überschuss. Den Gedanken mit der Provision findet er interessant und kurze Zeit später gehören Familienmitglieder und auch einige Geschäftsfreunde seines Vaters zu seinen Kunden. Bald ist der gesamte Freundes- und Bekanntenkreis versorgt. „Die Provisionen waren einfach verdientes Geld, das gefiel mir. Daher überlegte ich, wie man daraus ein Geschäft im größeren Stil machen kann."

Am 13. Februar 1996 gründet der Noch-immer-Schüler dazu seine erste Kapitalgesellschaft, die PRIVATEL Telekommunikationsservice GmbH mit Sitz in Hamburg. Sein drei Jahre älterer Geschäftspartner ist der bereits bekannte Event-Manager, für den er den Bandwettbewerb mitorganisiert hatte. Natürlich ist er, der Chef, der Jüngste in seinem eigenen Unternehmen. „Beim ersten Vorstellungsgespräch war ich schon etwas nervös." Man achte darauf, dass nicht *er* der Bewerber ist, sondern derjenige, der jemanden einstellt. Damals ist er knapp 20 Jahre alt.

Dass er zudem noch sehr jungenhaft aussieht, hat Vor- und Nachteile. „Ich wurde sehr oft unterschätzt." Einmal, als es um wichtige Verträge geht, nimmt er seinen Vater mit in die Verhandlungen. Jetzt setzen die beiden ein Rollenspiel Marke „Vater-lässt-Junior-mal-verhandeln" in Szene. Kurz vor Ende des Gesprächs blickt der Filius einmal fragend zum Vater, der nickt, und es wird unterschrieben. Ihr Gegenüber hatte bis dahin das Gefühl, mit dem Senior einen Vertrag abzuschließen – und nicht mit dem vermeintlichen Grünschnabel.

Das Geld wird primär im Vertrieb verdient. „Diesen Bereich galt es zu skalieren." Doch der Markt ist noch jung und es fehlt an Mitarbeitern. Die ersten kommen aus dem Bekanntenkreis der beiden Gründer. „Wir wollten Leute, die verkaufen können, die kommunikativ sind, die gut ankommen." Genau dafür hat er einen Blick. Intuitiv wählt er seine Leute aus. Es ist nicht entscheidend, ob der Bewerber im Fach Deutsch oder Mathematik die Schulnote 1 hat, sondern wie er die Kunden für sich gewinnt. Es geht um Kundenakquisition und -bindung, im Grunde um nichts anderes. Und dafür braucht es kommunikativ begabte und geschulte Mitarbeiterinnen und Mitarbeiter.

Es dauert nicht lange bis es sich herumspricht, wie gut nicht nur das Arbeitsklima, sondern auch der Verdienst bei der PRIVATEL AG ist. Vom Lageristen bis zum Buchhalter, seine Mitarbeiterinnen und Mitarbeiter haben alle eine erfolgsabhängige Gehaltskomponente und eine Mitarbeiterbeteiligung on top. „Wer richtig Gas gibt und sich engagiert, verdient auch viel Geld." So einfach ist das. Und sie wollen alle viel Geld verdienen und motivieren sich gegenseitig. Wer um 18 Uhr geht, dem wird schon mal witzelnd vom Kollegen hinterhergerufen: „Oh, hast du heute einen halben Tag frei?"

Zwar hat er mittlerweile das Abitur irgendwie bestanden, doch fürs Studieren bleibt ihm keine Zeit. Er ist schließlich ein erfolgreicher Geschäftsmann und liebt seine Arbeit, auch deswegen arbeitet er rund um die Uhr. Urlaub, was ist das? Klar, es wäre nett gewesen, mit den alten Klassenkameraden häufiger auf ein Bier zu gehen, doch auch dafür hat er keine Zeit. „Mit 25 hatten die anderen ihre Studienziele erreicht und ich mein Karriereziel." Er ist Vorstand eines Unternehmens, das er innerhalb von fünf Jahren zum Branchenprimus mit über 100 Mitarbeitern, einem Jahresumsatz von über einer Viertelmilliarde DM und Quartalsgewinnen im siebenstelligen Bereich macht.

Ausgesorgt

Das Unternehmen ist exzellent positioniert, man verdient gutes Geld und überlegt sogar ein Börsenlisting am Neuen Markt. Die Wirtschaftsprüfer testieren einen Wert von 111 Millionen Euro. Als einer der größten Anteilseigener der PRIVATEL AG hätte er finanziell gesehen eigentlich ausgesorgt.

Doch dann kommt alles ganz anders. Plötzlich erhebt das Finanzamt Steuerforderungen in Millionenhöhe und erlässt entsprechende Steuerbescheide. Widerspruch zwecklos, umgehend werden mehr als vier Millionen Euro eingezogen – Liquidität, die dem stark wachsenden Unternehmen fehlt. Es gelingt nicht, kurzfristig zusätzliches Kapital zu beschaffen. Der Vorstand trifft eine bittere Entscheidung. Um einer Insolvenz vorzubeugen, wird der Geschäftsbetrieb an Mitbewerber verkauft, gut 100 Mitarbeiter entlassen und die Liquidation des Unternehmens eingeleitet. Das Manöver gelingt. Das Schlimmste kann verhindert werden, aber vom Firmenwert geht ein großer Teil verloren. „Quasi über Nacht hat man uns das genommen, was wir in fünf Jahren mit unserem Team und viel Herzblut aufgebaut haben."

Obwohl alle Fakten bekannt sind, zieht sich das Verfahren fast sechs Jahre hin. Dann gesteht das Finanzamt ein, die Steuern zu Unrecht erhoben zu haben und erstattet den gesamten Betrag inkl. Zinsen. Dennoch: Der einstige Branchenprimus und gut 100 Arbeitsplätze sind unwiederbringlich vernichtet. „Es klingt unglaublich, aber es ist wahr: Die Steuererstattung erfolgte auf der gleichen Aktenbasis, auf der auch die unrechten Steuerbescheide erlassen wurden. Nichts hatte sich in den fast sechs Jahren verändert, außer dass unsere Firma zerstört war."

Den entstanden Schaden machen Hunecke und seine früheren Vorstandskollegen nun vor Gericht geltend. Wer denkt, dass es so etwas nur im Film gibt, der muss darauf vielleicht nicht mehr lange warten. Die Medienrechte inkl. der Filmrechte an dieser Geschichte hat der geschäftstüchtige Unternehmer schon verkauft.

Nachdem das Geschäft an den Mitbewerber übergeben ist, ist erst einmal Schluss mit der vielen Arbeit. Aber es gibt ja noch etwas anderes. Wirklich? Jedenfalls zieht es ihn zu seiner damaligen Freundin von Hamburg nach Oldenburg, weil sie hier Architektur studiert. Zum Wintersemester 2001/2002 schreibt er sich im Fach Wirtschaftswissenschaften mit dem Schwerpunkt Informatik an der hiesigen Universität ein.

„Das erste Semester habe ich ernsthaft studiert, das zweite schon etwas weniger. Und auch wenn es interessant war, vom Homo oeconomicus zu hören, noch viel lieber hätte ich ihn in der Praxis getroffen." Nachdem er dem Angebot eines Professors folgt, an der Summerschool for Entrepreneurship teilzunehmen, beginnt er abermals, Ideen zu sammeln. Richtig aktiv wird er wieder ab 2004.

Nächste Etappe

Südostasien ist jetzt sein Ziel. Er reist viel, nach Thailand, Singapur und schließlich nach China. In Qingdao, einer Hafenstadt in der Provinz Shangdong im Osten der Volksrepublik, will er die chinesische Sprache lernen, jedenfalls die „Basics". „Ich hoffte, dass ein paar Höflichkeitsfloskeln und ein bisschen Smalltalk die sonst extrem zähen Verhandlungen mit chinesischen Geschäftspartnern positiv beeinflussen würden." Dort auf dem Campus der Universität gibt es einen Supermarkt und während er hinter den Kassen noch auf seine Kommilitonen wartet, „stolpert" er über einen Shop-in-Shop-Optiker und kauft sich eine Brille. Immerhin reicht das gerade erlernte Kauderwelsch für diesen Handel. Diese Brille ist extrem günstig und von guter Qualität. „Das sollte es in Deutschland geben!", schießt es ihm durch den Kopf.

Seine Sprachreise führt ihn auch nach Beijing. Dort spricht er eine Frau an, um sie nach dem Weg zu einem bestimmten Club zu fragen. Diese Frau ist Amerikanerin und zufällig auf dem Weg zu eben diesem Club. Der Abend wird lang, er erzählt ihr von der Idee mit den Brillen. Sie ist sofort begeistert und bietet ihm Unterstützung bei der Recherche an. Von Beruf ist sie Sinologin und arbeitet für eine amerikanische IT-Firma in Shanghai.

Einfach starten

Als kleinen Test nimmt er circa 400 Brillen mit nach Deutschland. Die bietet er wie bei einer Tupper-Party privat Freunden und Bekannten an. Der Preis ist unschlagbar, ins-

besondere angesichts der hohen Qualität der Gläser. Nach diesem ersten Test und weiterer Recherche gründet er ein Unternehmen mit Sitz in Hongkong, das Brillen „Made in China" auf einer deutschen Webseite (www.brille24.de) anbietet. Geschäftsführerin wird die Amerikanerin.

Sie sagt ihm aber gleich: „Ich werde den Job nicht ewig machen, aber wenn ich mal nicht mehr für dich arbeiten möchte, sag ich dir rechtzeitig Bescheid." Sie bleibt für die kommenden drei Jahre und legt mit ihm den Grund-

stein für den Erfolg von Brille24. Sie machen vor keinem Markt halt und beliefern nach kurzer Zeit schon Kunden in über 100 Ländern. Es ist der Beginn einer unglaublichen Erfolgsgeschichte, die mit momentan fast einer Millionen Kunden (2013) sicher noch nicht zu Ende geschrieben ist.

Hunecke selbst pendelt zwischen zwei Welten, zum einen der deutschen Servicegesellschaft und zum anderen der asiatischen Fertigung. Anzahl seiner Vielflieger-Meilen? Viele! Wie viele kann er nicht genau sagen. Die Holding und die operative Service-Einheit der Brille24-Gruppe befindet sich im Herzen Oldenburgs, zunächst in der Amalienstraße, später, weil es dort zu eng wird, in der Mühlenstraße. „Zwar ist der Markt für spezielle Fachkräfte in Oldenburg kleiner als in anderen Großstädten, aber dafür haben wir kaum Mitarbeiterfluktuation, im Gegensatz zu vielen Startups z. B. in Berlin."

Im Grunde hat sein Tag nicht genügend Stunden. Doch aus Erfahrung mit seiner ersten Firma weiß er, dass es auf Dauer nicht gut tut, 80 Stunden in der Woche zu arbeiten. Also engagiert er einen Geschäftsführer. Noch im selben Jahr erhält er ein Angebot von einem börsennotierten Interessenten, der ihm die Mehrheit der Firma abkaufen will. „Gemessen an der frühen Phase in der wir uns befanden, war es schon eine Menge Geld, die man uns anbot. Aus heutiger Sicht wirkt es trotzdem wie ein Taschengeld."

Zunächst ist man sich einig. Es werden Verträge gemacht, in denen unter anderem die Möglichkeit eines Rücktritts vereinbart wird. Doch dass dieser Fall eintritt, scheint höchst unwahrscheinlich. Jedenfalls stellt der Mehrheitsgesellschafter in spe schon einmal einen zweiten Geschäftsführer ein. Doch dann kommt es wieder einmal anders. Der Rücktrittsjoker kommt zum Einsatz, das kostet den Käufer zwar eine ordentliche Abstandszahlung, aber der Deal platzt und Hunecke steht mit zwei teuren Geschäftsführern da.

Online-Shop auf Wachstumskurs

Das Prinzip von Brille24 ist einfach. Da Hunecke selbst sehr internetaffin ist, weiß er, dass es in einem Online-Shop au-

ßer auf günstige Preise vor allem auf eine leichte Bedienbarkeit der Website ankommt. Das Ganze ist ein Prozess, in dem viele Teilprozesse immer wieder optimiert werden. „Der Kosten-Nutzen-Faktor für die Kunden muss stimmen." Das bedeutet für Hunecke: Höchste Qualität zu einem fairen Preis.

Als weltweit erster Online-Shop für Brillen mit individuell angefertigten Korrektionsgläsern gibt er seinen Kunden die Möglichkeit, die Brillen virtuell „anzuprobieren". Die Kunden sind zufrieden und weniger als drei Prozent von ihnen nutzten die „Geld-Zurück-Garantie". Das erspart dem Unternehmen hohe Kosten, die bei jedem Umtausch anfallen.

Obwohl er sich ja eigentlich langsam aus dem operativen Geschäft zurückziehen will, trennt er sich 2008 von beiden Geschäftsführern. Jetzt krempelt er die Ärmel noch einmal richtig hoch. „Das heißt, ich habe das Geschäft noch einmal komplett selbst übernommen, die Kosten gesenkt und das Marketing forciert. Aufgrund meiner Erfahrungen aus der Gründungsphase ist mir das glücklicherweise aber nicht schwer gefallen." Am Wichtigsten aber ist es, dass sein mittlerweile knapp 40-köpfiges Team so motiviert wie er selbst bei der Sache ist.

Drei Jahre legt er sich wieder mit voller Kraft ins Zeug. Es sind harte Jahre. Aber Hunecke und seinem Team gelingt das schier Unglaubliche: Die Wachstumsraten sind jetzt dreistellig. An guten Tagen verkauft er fünf Mal so viele Brillen wie ein Durchschnittsoptiker in einem Jahr. Bei jedem neuen Verkaufsrekord veranstaltet er mit der gesamten

Belegschaft ein kleines „Event". Sie gehen zum Bowling, fahren Wasserski oder ... Jeder darf sich mal wünschen, was gemacht wird. Das Feierabendbier oder der Grillabend am Freitag sind ohnehin bereits Usus. „Die Firma ist wie eine große Familie."

In der Zwischenzeit ergeben sich auch immer wieder andere Projekte. Mal hat er eine neue Geschäftsidee, zu der er sich das passende Gründerteam sucht, mal unterstützt er als Business Angel und ein anderes Mal gewinnt ihn der bereits bewährte Partner für ein neues Projekt. Dabei bleibt er nicht nur in der Welt des Internets, sondern hat auch bei Immobilien ein goldenes Händchen. Insgesamt entstehen unter seiner Beteiligung bis heute mehr als 40 Unternehmen.

Es gibt nichts Gutes, außer man tut es

Mit zunehmendem Alter ist es ihm wichtig, dass der finanzielle Erfolg auch sozial auf festen Füßen steht. Bei Brille24 sorgt ein „Social Code of Conduct" dafür, dass die Lieferkette von „Brille24" konkret definierten ethischen Grundsätzen folgt. Das bedeutet unter anderem: keine Kinderarbeit, gute Arbeitsbedingungen, keine Diskriminierung, entsprechende Gesundheits- und Sozialeinrichtungen und Umweltschutz. Die Einhaltung der Vorgaben wird durch unangemeldete Kontrollen in der Produktion überprüft. „Ein Geschäft ist nur dann gut und nachhaltig, wenn es für alle Beteiligten gut ist."

Was die Zeit von 2011 bis heute betrifft, so ist der Übergang für Matthias Hunecke fließend. Nach und nach zieht er sich

– diesmal wirklich – zurück aus dem operativen Geschäft der Brille24-Gruppe, die inzwischen zum größten Online-Händler für Korrektionsbrillen in Europa geworden ist. Seit März 2013 hat er nur noch ein „Home-Office". Zwar hat er einige seiner Geschäftsanteile verkauft, aber auch nach dem Einstieg der Pro7-Gruppe und zwei weiterer Venture-Capital-Gesellschaften ist er größter Gesellschafter. Dennoch nimmt er höchstens noch als Vorsitzender des Aufsichtsrats Einfluss auf das von ihm gegründete Unternehmen.

Langweilig wird es diesem Ausnahme-Unternehmer jedoch auch in Zukunft sicher nicht. „Ich habe mehr Gründungsideen, als ich auf einmal verwirklichen könnte. Dennoch habe ich mir vorgenommen, kurzfristig kein neues Projekt zu starten, eine kleine Gründungpause kann ja auch mal ganz nett sein." Was ihm jetzt am Herzen liegt, sind seine zahlreichen Ämter und Ehrenämter. So ist er immer wieder als Berater und Referent in der Gründerszene unterwegs, er hilft, Ideen anzuschieben und stellt sich seiner gesellschaftlichen und sozialen Verantwortung.

Profitiert hat beispielsweise die Kindertagesstätte Postkrümel e.V. in Oldenburg, die am Festungsgraben eine neue Heimat gefunden hat. Doch auch Kinder in Namibia werden von Hunecke über die Organistaion „Steps for Children" unterstützt. Dieser Stiftung hat er neben Geldspenden auch kurzerhand Gesellschafteranteile von Brille24 überschrieben. Mag dies auch ungewöhnlich klingen, für Hunecke ist es ein logischer Schritt. Schließlich weiß er, dass man mit so einem Anteil ganz gut fährt.

Florian Isensee

Verlag und Buchhandlung:
Buch-Macher der Region

Ein Jahr bevor er sein Betriebswirtschaftsstudium mit Schwerpunkt Marketing in Frankfurt am Main abschließt, absolviert er ein Praktikum beim Deutschen Fachverlag, einem großen Zeitschriftenverlag. Offenbar hat er sich dort von der besten Seite gezeigt, denn als er kurz darauf sein Studium erfolgreich abschließt, kommt aus der Richtung ein hochinteressantes Job-Angebot. Was tun? Die Alternative ist der Einstieg in den väterlichen Betrieb in Oldenburg. Da ist guter Rat teuer.

Florian Isensee macht es mit sich selbst aus, er geht in Klausur. Schließlich ist er weder Buchhändler noch Drucker noch Verleger, nicht einmal Germanist, sondern eben ein Marketing-Spezialist. Sein vorgezeichneter Weg wäre demnach wie der seiner Kommilitonen aus Frankfurt gewesen: der Einstieg in die „Unilevers dieser Welt", um sich dort mit Produkt-Design und Verkaufsstrategien zu befassen. Und Oldenburg? Ist das nicht ein Rückschritt?

Ganz bewusst will er diese Entscheidung treffen, dann braucht er sie später auch nicht zu bereuen, so die Theorie. „Es sollte nicht einfach nur so geschehen."

Schon als Kind, im zarten Alter von nur sechs Jahren, fiel ihm nämlich die Rolle als potenzieller Nachfolger zu. Eigentlich erstaunlich, denn er ist das jüngste von vier Kindern im Hause Isensee – genauso übrigens wie sein Vater.

Vielleicht meinten die Eltern in ihm den richtigen Nachfolger zu sehen, weil er so kommunikativ ist und gerne auf Menschen zugeht. Vielleicht auch, weil seine Geschwister auf ganz anderen Gebieten Talent zeigten.

Überhaupt die Kindheit: Mittendrin zu sein, das sei wunderbar gewesen. Sein Elternhaus in der Haarenstraße war ein klassisches Wohn- und Geschäftshaus. „Es war immer was los und wir hatten zu jeder Zeit einen Ansprechpartner, auch wenn die Eltern mal keine Zeit hatten." Zur Tradition gehört es übrigens, dass die Ehefrau des Inhabers den Einzelhandel im Erdgeschoss leitet. So auch heute.

Florian Isensee, der sich selbst als absoluten Familienmenschen bezeichnet, wohnt mit Ehefrau und den drei Kindern über dem Geschäft. Und das besteht aus dem Verlag, einer Druckerei, einer Buchhandlung und einem schmucken Laden – unter der Leitung von Christiane Isensee –, in dem ausgesuchte „Lieblingsstücke" verkauft werden. Im selben Haus zu wohnen und zu arbeiten heißt natürlich auch, dass man hin und wieder, zumindest gedanklich auch etwas von den geschäftlichen Themen mit in den Feierabend nimmt. Nicht alles kann man auf der Treppe nach oben so einfach abschütteln.

Dass es ganz und gar kein Fehler war, in seine Heimatstadt Oldenburg zurückzukommen, zeigte sich sehr schnell. Mit diesem Schritt setzt er übrigens die Tradition des Hauses fort, die mit seinem Urgroßvater begann, dem Gründer des Unternehmens. Immer war es der Sohn des Inhabers, dem in dieser Familie grundsätzlich die Nachfolge übertragen wurde: vom Urgroßvater Karl Adolf zum Großvater Oskar Adolf, zum Vater Dieter und jetzt zu ihm, Florian Isensee.

Erst einmal muss er jedoch noch sehr viel lernen. Dabei überrascht es ihn, wie viel Fachwissen rund um die Themen Verlag, Buchdruck und Buchhandel er sich aneignen muss. Doch diese Herausforderung nimmt er gerne an. „Ganz oder gar nicht!" Zum Glück bringt er neben dem Interesse auch eine gehörige Portion Talent mit. Außerdem kennt er den Betrieb von klein auf. Er weiß also zumindest in groben Zügen, worauf er sich einlässt.

Nur knapp ein Jahr nachdem er in das Unternehmen eingetreten ist, übergibt der Vater ihm schon die volle Verantwortung und zieht sich selbst aus dem aktiven Berufsleben zurück. Sein Jüngster ist zu dem Zeitpunkt gerade mal 25 Jahre alt.

Dieter Isensee hat im Leben seines Sohnes immer eine bedeutende Rolle gespielt. In einem freundschaftlichen Miteinander fühlt sich Florian von ihm geprägt. Schon früher hat es im Betrieb keine Hierarchien gegeben, auch keinen Patriarchen, der nichts anderes neben sich gelten ließ. Nein, das Verhältnis zueinander und auch zu den Mitarbeitern war allzeit gut, sodass sie grundsätzlich andere Meinungen respektieren konnten. „Mein Vater war und ist mir immer ein wichtiger Gesprächspartner. Mit ihm zusammen konnte ich in den ersten Jahren viele Dinge besser reflektieren." Etliche Entscheidungen treffen sie zunächst noch gemeinsam. Bis der Vater sich dann gänzlich zurückzieht und sein Nachfolger nach und nach ein eigenes Profil entwickelt.

Nicht jede Nachfolgeregelung innerhalb eines Familien-Unternehmens klappt so gut und reibungslos wie diese. Das weiß Florian Isensee sehr zu schätzen. Dass der Vater seinem Sohn dabei so viel Vertrauen entgegenbringt und ihm auf Wunsch auch nach der Übergabe mit Rat und Tat zur Seite steht, ist in der vom Wettbewerb geprägten Geschäftswelt keine Selbstverständlichkeit. Vielleicht kommt es ja von den guten Erfahrungen, die Dieter Isensee Jahrzehnte zuvor selbst gemacht hat.

Regional versus global

Auch wenn sich einiges unter seiner Leitung geändert hat, so ist der Verlag noch immer „Oldenburg-orientiert". Zwar ist diesem Thema nicht das gesamte Verlagsprogramm gewidmet, aber doch ein Großteil. Und da sind wir wieder beim Marketing. Das hat er gelernt, hier kennt er sich aus und das macht ihn so erfolgreich.

Ab und zu wird er gefragt, ob er damit nicht ein Exot sei in einer Welt, die sich total global ausrichtet. „Das mag sein, doch ich erkenne auch eine deutliche Gegentendenz. Wenn ich mich real oder auch nur medial rund um den Globus bewege, dann brauche ich einen Festpunkt. Das ist mein Land, meine Stadt, mein Stadtteil. Die Orientierung im eigenen Umfeld ist zwar nicht so spektakulär, aber sie gehört zu mir. Damit kann ich mich identifizieren. Diese Identifikation ist für mich eine Notwendigkeit und ich denke, das geht mir nicht alleine so."

Genau an diesem Punkt setzt der Verlag an: Isensee entscheidet sich für eine klare Marken-Identität. Niemals würde er beispielsweise unter seinem Label einen Reiseführer über Australien herausgeben. Das würde überhaupt nicht passen. Sein Thema ist und bleibt Oldenburg und umzu. „Klar, damit erreichen wir nicht unbedingt die 20-Jährigen, aber doch genügend andere und die, die später in diese Themen hineinwachsen."

Die Verlagsarbeit ist das Kerngeschäft von Florian Isensee. „Das Beste daran ist, dass ich ein Produkt von A bis Z verfolgen kann. Das macht mich glücklich und zufrieden." Da ist es ganz gleich, ob er als Verleger eigene Projekte entwickelt oder ob ein Autor eine spannende Idee an ihn heranträgt. Wichtig ist, dass es funktioniert. Und das tut es! So ist es sicher kein Zufall, dass wir immer dann, wenn ein neues Buch in seinem Verlag erscheint, in der hiesigen Presse darüber lesen können. Mit Foto vom Autor und vom Verleger natürlich, denn auch das gehört zum Marketing. Übrigens schiebt er einmal wöchentlich auch Dienst im etwas außerhalb gelegenen Lager. Es geht ihm eben ums Ganze. Von Anfang bis Ende.

Die Arbeit im Verlagswesen hat sich mit den Jahren verändert, sie ist schwieriger geworden. Das Internet sorgt speziell auf diesem Gebiet für weitreichende Veränderungen. Allerdings gilt das mehr für den Einzelhandel und die Druckerei. „Für den Verlag ist es nicht ganz so schwierig, denn bedingt durch das Produkt haben wir ja die Kontrolle. Das meint, dass ein Verlag unabhängig vom Medium arbeiten kann." Ein Autor, der sein Werk im Internet als E-Book vertreiben möchte, braucht eben in der Regel auch einen Verlag.

Er lächelt verschmitzt, als er erzählt, dass er auf einer der letzten Buchmessen eine Präsentation beobachtet hat, bei der ein Verlag die Biografie eines Politikers der Piraten-Partei vorgestellt hat. „Bei der Computer- bzw. Internet-Affinität dieser Zielgruppe hätte ich ja viel eher ein E-Book erwartet." Selbst diese Leute also bevorzugen die Print-version! „Das sagt ja wohl alles."

Keinen Zweifel hat er, dass gedruckte Bücher auch in Zukunft einen hohen Stellenwert haben. Wichtig sei es, immer einen Blick auf den Mainstream zu werfen, den Trend zu kennen. Bei den Lesern gebe es immer wieder „Wellen" bezüglich der Beliebtheit. „Mal sind es historische Romane, die wie wild verschlungen werden, dann wieder die Schwe-

den-Krimis. Die Regional-Krimi-Welle ebbt gerade ein biss-chen ab. Der Zenit jedenfalls ist – mit Ausnahmen – über-schritten."

Insofern stimmt es wohl – wie Florian Isensee sagt –, dass man sich in diesem Geschäft „ständig selbst erneuern muss". Zum Beispiel im Druckbereich: Die Öffnung für Fremddruckaufträge war für ihn richtig. Vorstellbar sei parallel dazu auch ein „Zurück zu den Wurzeln". Was viele Oldenburger nicht wissen, vor mehr als 70 Jahren war das Haus Isensee zudem ein Schreibwarengeschäft, bei dem unter anderem feine, individuell gestaltete Akzidenzien gedruckt wurden. Warum nicht auch heute wieder?

Einerseits ständige Erneuerung, anderseits aber auch Tradition. Das eine schließt das andere nicht aus. Seit gut 50 Jahren gibt es hier zum Beispiel die beliebten Musik-engel aus dem Erzgebirge zu kaufen. „Mit diesen Engeln bin ich sozusagen aufgewachsen." Insgesamt lässt sich damit ein himmlisches Orchester zusammenstellen. Da gab es früher zur Zeit der Deutschen Demokratischen Republik nur ein Problem – und das ließ sich mit dem Wort „Planwirtschaft" auf den Punkt bringen.

Wer sich nur ein bisschen auf dem Musik-Sektor auskennt, weiß, dass es in so einem Orchester in der Regel mehr Geigen als Triangeln gibt, mehr Bläser als Schlagzeuger. So etwas interessierte die staatlich organisierten Verkaufs-leiter der DDR im Erzgebirge allerdings nicht. Ganz gleich, ob Geige oder Triangel, als westdeutscher Einzelhändler musste man von jedem Modell die gleiche Anzahl kaufen.

Trotz dieses Mankos – zu gerne möchten wir wissen, wie viele Triangel-Engel es im Haushalt Isensee Senior und Junior wohl gibt – wurde alljährlich die ganze Palette wieder bestellt. Das ist Verlässlichkeit, schließlich haben sich alle Oldenburger Sammler darauf verlassen, dass die Engel ab dem ersten Kramermarktswochenende – und nicht einen Tag eher – im Verkauf stehen. Trotzdem hieß es dann früher spätestens Anfang November immer wieder: „Die Geigen sind leider schon ausverkauft."

Verleger mit Spieltrieb

„Kontinuierliche Prozesse am Markt müssen wir beobachten, und dann werden wir sehen, was funktioniert." Eine seiner Ideen war es, einen Spiele-Abend in der Buchhandlung anzubieten. Stichwort Marketing! Es wird sich zeigen, ob sich dieses Event in Zukunft etabliert. „Der Bedarf ist vorhanden. Viele Menschen – eben auch Erwachsene – spielen selbst zu Zeiten von Computerspielen gerne Gesellschaftsspiele. Die wenigsten aber haben Lust, lange Anleitungen mit Spielregeln zu lesen. Wenn man die aber in aller Ruhe erklärt bekommt und die Möglichkeit hat, es direkt auszuprobieren, ohne dass man das Spiel gleich kaufen muss, dann macht das Laune."

Er muss es wissen, denn er ist selbst ein begeisterter Brettspiel-Fan; einer, der sogar schon sieben eigene Spiele entwickelt und publiziert hat – von der Idee über die Produktion bis hin zum fertig verpackten und designten Spiel. Die Resonanz darauf – zum Beispiel auf den Spielmessen, in Form von Rezensionen und der Aufmerksamkeit in der Presse – kann sich sehen lassen.

„Je nachdem, wer mit am Tisch sitzt, ein Gesellschaftsspiel wird immer anders erlebt. Ich finde es gut, wenn's dabei lustig zugeht, ganz gleich, ob es sich um komplexe oder kurze Spiele handelt." Wie ernst er dies meint, beweist folgende Aussage: „Meine Kinder sind mir eine große Freude. Besonders schön ist es, wenn ich sie für ein Spiel begeistern kann. Ich erwarte nicht viel von ihnen und ich muss zum Glück auch nichts auf sie projizieren, aber eines wünsche ich mir doch: dass sie gute Spieler werden."

Regelmäßig trifft er sich seit Jahren mit anderen „Spielsüchtigen", um bekannte Spiele zu spielen und neue auszuprobieren. „Da kommen manchmal auch harte Bandagen zum Einsatz. Nichtsdestotrotz sind wir alle mit sehr viel Spaß bei der Sache. Das Spiel gewinnen zu wollen, ist allerdings die Grundvoraussetzung, sonst funktioniert es nicht."

Bei allen inneren und äußeren Veränderungen, die es über die Jahre im Hause Isensee gab und gibt, ist eines konstant geblieben. Es ist das Markenzeichen, ein Signet: die bekannte Högl'sche Vase. Das Original ist heute auf dem Oldenburger Schlossplatz zu besichtigen. Diese Vase ziert jedes bei Isensee verlegte Buch. Es handelt sich um eine – übrigens im Jahr 2011 aufwändig restaurierte – „Ikone des Klassizismus", eine auf einem hohen Sockel stehende, rund zwei Meter große Sandstein-Vase mit eisernen Henkeln, verziert mit reichlich Weinlaub- und anderen Ranken-Ornamenten. Ein echter Hingucker.

Ein Kunstwerk, das bleibt in seiner Präsenz, unabhängig vom Wandel. So wie die Isensees dieser Stadt.

Gabi Kleffmann-Peusch

AUST Fashion: Ganz mein Stil

Bei Gabi Kleffmann-Peusch kommt irgendwie alles zusammen: Sie ist eine exzellente Verkäuferin, sie hat ein Gespür für Mode sowie den Stil ihrer Kundinnen und sie liebt ihren Beruf. Zwar ist sie der Meinung, in vielem ein „Spätzünder" zu sein, doch verfolgt man ihre Karriere, dann ist der Weg ziemlich gradlinig.

Schon als Jugendliche weiß sie, dass sie einmal komfortabler leben möchte als die Eltern. Die nämlich haben schon vor ihrer Geburt eine ganz abenteuerliche Geschichte hinter sich, eine Geschichte, die für das Leben ihrer Tochter aber entscheidend ist: Als Binnenschiffer ist das Ehe- und Elternpaar Ulrich nicht viel an Land, doch als das dritte Kind erwartet wird, werden sie notgedrungen sesshaft. Die beiden Ältesten lebten bis dahin überwiegend bei der Großmutter.

Es ist eine schwierige Zeit, der neue Job des Vaters ist schlecht bezahlt, die Perspektive grau bis hoffnungslos. Es

ist eine dieser Situationen im Leben, in denen Entscheidungen getroffen werden, die man später bereut. In diesem Fall ist es der bedrückte Familienvater, der sich ohne zu wissen, welche Konsequenzen es hat, Hals über Kopf bei der Fremdenlegion verdingt. Er lässt alles hinter sich und kommt erst fünf Jahre später wieder heim.

Obwohl beide Elternteile keine einfache Zeit hinter sich haben, werden sie wieder ein Paar. Es dauert nicht lange –

wir schreiben das Jahr 1965 – und Gabi wird geboren. Sie ist ein Wunschkind, das sich geliebt fühlt und viel Gutes von den Eltern in die Wiege gelegt bekommt. Auch wenn das Leben später nicht immer aus Friede, Freude, Eierkuchen besteht, die Basis von allem ist positiv. Ein freundliches Wesen und ein gesundes Urvertrauen jedenfalls sind ihr sicher, für immer.

Auf der Karriereleiter

Nach der Schule beginnt sie eine Ausbildung als Einzelhandelskauffrau in einem Oldenburger Modegeschäft. Doch leider muss das Unternehmen Insolvenz anmelden, als sie gerade das zweite Lehrjahr beendet hat. Ganz selbstbewusst marschiert sie zum Wettbewerber Peter Wulf und sagt: „Ich möchte meine Ausbildung gerne bei Ihnen beenden." Peter Wulf, angetan von der direkten und mutigen Art, antwortete mit: „Dann kommen Sie mal her." Das war der Beginn einer guten Zusammenarbeit. Sie begleitet ihren neuen Chef auf Fachmessen und erhält dadurch Einblicke in den Einkauf, was nicht selbstverständlich ist für eine Verkäuferin. Außerdem bekommt sie die Chance auf eine zusätzliche Substituten-Ausbildung.

Acht Jahre bleibt sie dem Unternehmen treu. Dann bewirbt sie sich – erfolgreich – auf eine Stellenausschreibung als Filialleiterin bei URSULA AUST. Das Unternehmen, das später ganz bewusst seinen Vornamen ablegt, betreibt Filialen in ganz Deutschland und Österreich. Nicht nur die Mode aus Italien gefällt der „Neuen", auch die Tatsache,

dass sie jetzt über mehr Entscheidungsbefugnis und Verantwortung verfügt. Sie stellt sich ein kleines Team zusammen und geht in die Verkaufsoffensive.

Hier zeigt sich wieder ihr Talent im Umgang mit Kunden. „Ich kann mich einfach gut in andere hineindenken, die Kundinnen fühlen sich von mir verstanden. Ich gebe ihnen ein gutes Gefühl. Außerdem spüren sie, dass ich sie ehrlich berate."

Als sie 2000 schwanger wird, ist sie schon bald als Aushilfe wieder da. „Das kann ich allen Frauen nur raten, den Kontakt zur Firma aufrecht zu erhalten." Drei Jahre später arbeitet sie bereits wieder in Teilzeit.

Auf eigenen Füßen

Dann kommt das Jahr 2007, es werden für sie sehr bewegende zwölf Monate: ihre Tochter wird eingeschult, der Partner wechselt in einen neuen Job, gemeinsam bauen sie gerade ein Haus und ... sie erhält eine Anfrage von ihrem Vorgesetzten. Die Firma AUST soll umstrukturiert werden. Es sollen eigenständige Agenturen entstehen, die später in ein Franchise-System übergehen. Die Frage ist, ob sie es sich vorstellen kann, ihre eigene Chefin zu sein, das Geschäft also in eigener Verantwortung zu führen.

Anfang 40 ist sie, als man ihr „die Pistole auf die Brust setzt". Ihr schwirrt der Kopf, doch ihr Bauch sagt ganz eindeutig: Das mache ich, das schaffe ich! Zudem ist die Lage an der Ecke Lange- und Gaststraße nun wirklich 1a. Außer-

dem kennt sie ihre Kunden und den Umsatz. Vor allem aber kennt sie sich und ihren Ehrgeiz, der sie zeitlebens begleitet und der – zugegeben – auch mal sehr anstrengend sein kann.

Nach nur einer Woche Bedenkzeit sagt sie zu. Sie hat es nie bereut, zu keinem Zeitpunkt, auch wenn der Arbeitstag heute locker zwölf Stunden hat. „Ich kann mich auf mich selbst verlassen. Das gibt mir Sicherheit." Sie achtet sehr auf ihre Gesundheit, denn das sei ihr eigentliches Kapital, sagt sie. Vielleicht ist all das auch der Grund für ihre gute Laune und die positive Ausstrahlung.

Da sie keine Schwellenangst hat, ist sie sofort nah dran am Kunden. Sie spürt, wer erst nur einmal schauen will oder wer Beratung braucht. „Verkaufen ist mein Ding, es macht mir sehr viel Spaß. Und was man gerne macht, wird ja bekanntlich auch gut."

Letzteres beweist der Umsatz, den sie zusammen mit ihrem „Super-Team" erwirtschaftet. „Du darfst nicht den Tag, sondern immer nur den Monat sehen." Wichtig sei auch, in großen Zusammenhängen und vor allem positiv zu denken. Dieses positive Denken hat sie wohl von ihrer Mutter. Das braucht sie auch, denn sie hat schon viele Schicksalsschläge, auch die ihrer Mitarbeiterinnen erlebt bzw. mitgetragen. „Es geht immer weiter, auch wenn's mal schwierig wird. Da bin ich wie ein Stehaufmännchen. Mich haut im Geschäft so leicht nichts um."

Immer wieder denkt sie sich etwas Neues aus, um die Kunden zu binden. Da gibt es besondere Aktionen und Events mit Angeboten und ganz speziellen Highlights. Ein Glas Prosecco oder ein Espresso wird ohnehin auf Wunsch serviert – gerne auch für die Herren, die ihre Partnerin beim Einkaufen begleiten. „Ich arbeite grundsätzlich leistungsorientiert. So gelingt es mir, die Zahlen zu halten und sogar zu steigern."

Manche kommen auch einfach, um mit ihr ein bisschen zu klönen. Sie wissen, dass sie hier ein offenes Ohr finden. Und es gibt Männer, die haben vollstes Vertrauen in ihr Stil-Empfinden. Sie kommen und bestellen für ihre Partnerin eine schicke Kombination. Dass sie den Geschmack ihrer Kundinnen kennt und dabei ein wirklich gutes Händchen hat, beweisen die wenigen Rückläufe.

Alles ist in Fluss und sie mit sich im Einklang. Die nötigen „Anker", die sie immer wieder erden und ihr die Kraft für diesen anstrengenden Alltag geben, sind Tochter Phillis und Ehemann Michael, aber auch der Riesenschnauzer Arthur und die Katze Struppi. Natürlich, es gibt Tage, da fühlt sich der Alltag an wie ein Spagat. „Als Selbstständige braucht man schon ein breites Kreuz. Ein geregelter Achtstundentag einer Angestellten ist was anderes." Im Grunde ihres Herzens aber will sie nichts anderes sein als Agenturleiterin der AUST-Filiale in Oldenburg.

Oldenburg, das ist die Stadt ihrer Träume: nette Menschen, kurze Wege, eine besonders schöne, autofreie Innenstadt und alles ist gut erreichbar. Bei ihr steht die Tür meistens offen, hier wird jeder beim Eintreten freundlich begrüßt. „Wir haben ein überschaubares Angebot und jede Woche bekommen wir neue Ware aus Italien geliefert."

52 Quadratmeter, so groß ist Gabi Kleffmann-Peuschs kleine Welt in der Innenstadt, nicht viel größer als ein Wohnzimmer. „Hier wird nicht nur gearbeitet, hier wird gelebt!"

Christian Klinge

Café Klinge: Schöne süße Welt

Als Christian Klinge mit drei Jahren durch das Café lief, das sein gleichnamiger Urgroßvater und Konditormeister 1884 am Theaterwall gegründet hatte, da wussten die Stammgäste schon: Das wird mal der neue Inhaber. Doch davon wollte der Junior, als es für ihn ein Thema wurde, überhaupt nichts wissen. Sah er doch als Kind und Jugendlicher, wie sehr seine Eltern sich abrackerten. Sie hatten kaum einen freien Tag. Das ganze Leben wurde bestimmt durch den Rhythmus, den der Betrieb vorgab. Zwar waren Mutter und Vater immer in der Nähe – die Familie wohnte über dem Café –, doch oft hieß es: „keine Zeit."

Es gab aber auch Tage mit „positiven Randerscheinungen", zum Beispiel Christians Geburtstage. Sobald das Café geschlossen war, wurde hier mit der gesamten eingeladenen Kinderschar Versteck gespielt. Oder damals, als er doch ein wenig übertrieb: Fußballspielen im Café – das war nun wirklich ausdrücklich verboten. Doch dieser glitzernde Kronleuchter reizte einfach zu dolle. Den kickte er eines

Tages mehr oder weniger aus Versehen von der Decke. „Das gab richtig Ärger." Ach ja, und das Fahrradfahren lernte der Lütte übrigens im „Oberstübchen". „Da bin ich immer um den Wohnzimmertisch herumgefahren."

Der Junge ist das einzige Kind seiner Eltern – und ihr ganzer Stolz, auch wenn in der Schule nicht immer alles rund läuft. Das Gute ist, dass sie – anders als die Stammgäste – keinen Druck auf ihren Sohn ausüben. Er soll sich nach freiem Wunsch einen Beruf aussuchen.

Als es dann soweit ist und er die Realschule erfolgreich abgeschlossen hat, fällt er zunächst in das Loch der Unentschlossenheit, dann aber fällt seine Wahl doch auf den Ausbildungsberuf Konditor. Weder Vater noch Sohn wollen allerdings, dass er diese Ausbildung im eigenen Haus absolviert. Nein, er lernt in der Konditorei Schindler in Kreyenbrück, wo er feststellt: Lehrjahre sind keine Herrenjahre. Doch immerhin, gelernt hat er dort eine ganze Menge.

Während dieser Zeit richtet er sich im Elternhaus unterm Dach eine kleine, gemütliche Junggesellen-Bude ein. Er spart auf eine Stereoanlage, ein Auto und dies und das. Die Eltern geben ihm nichts dazu, aber das ist für den jungen Mann auch völlig in Ordnung. Schon als Schüler hat er sich das Geld fürs erste Mofa selbst verdient. „Dann weiß man den Wert auch viel besser zu schätzen."

Da er schon als 16-Jähriger bei der Freiwilligen Feuerwehr aktiv ist und sich dort statt Bundeswehr später zum Ersatzdienst verpflichtet, macht sich der junge Mann nach bestandener Gesellenprüfung auf die Suche nach einer ersten Anstellung. Sein Vater rät ihm, erst einmal die Welt zu erobern. In der Psychoanalyse nennt man dies wohl „Übertragung", denn ursprünglich war genau das einmal Seniors eigener Traum. Doch konnte er ihn nicht verwirklichen, weil sein Vater früh verstarb und er bereits im Alter von nur 25 Jahren das Café und damit auch die ganze Verantwortung übernehmen musste.

Die Welt erobern – das kann sich Klinge Junior nur allzu gut vorstellen. Also schreibt er eine Bewerbung an die Reederei Hapag Lloyd. Sein Ziel ist es, als Konditor auf einem Kreuzfahrtschiff anzuheuern. Doch aus welchem Grund auch immer, das Unternehmen antwortet einfach nicht.

Daraufhin erinnert er sich an einen Oldenburger Bekannten, der ihm vorschlägt, doch nach Berlin zu gehen. Und tatsächlich, seinen ersten festen Arbeitsplatz findet Christian Klinge 1982 in Berlin: drei Bewerbungen, drei Zusagen. Er entscheidet sich für das kurz zuvor eröffnete Steigenberger Hotel. „Das war das Beste, was mir passieren konnte." Mit seinem Käfer Cabrio kommt er einen Tag zu früh an. Da er seine Wohnung noch nicht beziehen kann, übernachtet er kurzerhand im Auto. Das große Abenteuer Berlin hatte begonnen.

Am nächsten Tag schon geht es damit weiter. Einen Punker mit einer Ratte auf der Schulter, so etwas hatte er im piefigen Oldenburg noch nicht gesehen. Spätestens jetzt weiß er: Hier bin ich richtig!

Geschmack ist trainierbar

Die meisten seiner Kolleginnen und Kollegen im Steigenberger sind so jung wie er selbst. Es ist ein supergutes Team, jeder kann sich auf den anderen verlassen und alle sehen zu, dass trotz der vielen und harten Arbeit der Spaß am Leben nicht zu kurz kommt. „Irgendwo gab's immer eine Party."

Sein Chef, ein erfahrener Konditormeister, nimmt ihn eines Tages beiseite: „Herr Kollege, nur ein kleiner Tipp: Geben Sie acht auf die Köche, lassen Sie sich niemals mit denen ein." Konditoren und Köche, das müssen schon immer zwei Paar Schuhe gewesen sein. „Sie wissen doch, Köche verfügen nur über ein Minimalwissen, wenn es ums ‚Konditorn‘ geht", sagt der Fachmann.

Was er darüber hinaus von seinem Vorgesetzten mit auf den Weg bekommt, sind zwei Weisheiten, die er verinnerlicht hat. Erstens: Fachliche Kenntnisse sind in diesem Beruf genauso wichtig wie gute Zutaten. Und zweitens: Geschmack ist trainierbar.

Obwohl im Grunde alles stimmt, bleibt er seinem ersten Arbeitgeber nur ein halbes Jahr treu. Dann nämlich lockt ein höchstattraktives Angebot vom Kaufhaus des Westens (KaDeWe). 550 Deutsche Mark soll er dort *mehr* verdienen. Das ist eine Erhöhung um ein Drittel seines vorherigen Einkommens. Was außerdem äußerst verlockend ist: Im KaDeWe braucht er weder abends noch am Wochenende zu arbeiten. Diese Chance muss er nutzen, „ein absoluter Quantensprung".

Manchmal weiß man allerdings erst hinterher, was man an den netten Kollegen und dem guten Betriebsklima hatte. Er ist erst enttäuscht, dann verärgert, vor allem auch, weil bestimmte vertraglich vereinbarte Abmachungen nicht eingehalten werden. Nicht nach dem ersten Monat und auch nicht nach dem zweiten und dritten. Nach fünfeinhalb Monaten erhält er plötzlich und völlig unerwartet Post von – Hapag Lloyd aus Bremen. Jetzt weiß er, dass seine Bewerbung von vor zwei Jahren nicht verloren gegangen ist. „Haben Sie Interesse, auf der „MS Europa" zu arbeiten?" Und ob er hat! Nichts hält ihn mehr in Berlin, auch nicht die Tatsache, dass er den neuen Job in Bremerhaven bereits in 14 Tagen antreten soll.

„Die Welt erobern"

Jetzt ist er erst einmal am Ziel seiner Träume. Die ersten drei Monate von Juli bis September fahren sie die Nordlandroute: entlang der zerklüfteten Küste Norwegens bis nach Spitzbergen. Majestätische Fjorde, gewaltige Gletscherzungen, rauschende Wasserfälle … Vieles davon nimmt er trotz des hohen Arbeitspensums in sich auf. Es bleibt für immer unvergessen. Noch heute spürt er eine tiefe Verbundenheit mit der Natur Norwegens.

Gefühlt muss er Tag und Nacht arbeiten. Da trifft es sich gut, dass es hier gar nicht dunkel wird in dieser Jahreszeit. Er und seine drei Kollegen knien sich rein in die Arbeit. Für die rund 600 nimmersatten Gäste an Bord kreieren sie feinste Pâtisserien: Torten, Kuchen, Kekse, Eisbomben, Desserts und – fürs Käpt'ns Dinner – spezielle Schaustücke. Das kann eine Butter-Figur oder eine Eis-Skulptur sein. So eine Skulptur wird vom handwerklich geschickten Chefkoch des Nachts schon mal aus einem Eisblock geschnitzt, den sie zuvor von einem Eisberg mit der Kettensäge „geerntet" haben.

Auf engstem Raum wird hier gearbeitet und gewohnt. Die Kabine teilt er sich mit einem Fisch-Koch. Das war kein Problem, allerdings erst nachdem der Kollege kapiert hatte, dass er seine Koch-Klamotten gefälligst draußen lässt und direkt nach getaner Arbeit duschen geht.

Ab Oktober nimmt die „MS Europa" dann Kurs auf Jamaica. Dieses Ziel nutzt er für einen zweiwöchigen Urlaub, um als Rucksack-Tourist das Land zu erkunden.

Nach etwa zehn Monaten an Bord ist die Luft jedoch raus. Selbst dieser ungewöhnliche Job wird zur Routine, es wiederholt sich vieles, mit anderen Worten: es wird langweilig. Während eines Ski-Urlaubs zusammen mit einer Freundin aus Berliner Zeiten will er sich Gedanken machen wie es weitergehen soll. Mit ihm, mit der Arbeit und überhaupt.

Das war Anfang 1984. Mitten im Urlaub erhält er einen Anruf von seiner Mutter: „Bitte komm sofort nach Hause, Papa ist schwer erkrankt." Er macht sich auf den Weg, setzt die Freundin noch irgendwo in den Zug nach Berlin und trifft in Oldenburg ein. Heimat, das erste Mal seit Langem.

Die Diagnose für seinen Vater ist sehr schlecht, die Prognose miserabel. „Vielleicht noch sechs, vielleicht noch acht Wochen." Doch er schafft es noch für ein dreiviertel Jahr, in dem so einiges geschieht: Das Café Klinge feiert 100. Geburtstag, Klinge Senior selbst seinen 50., außerdem steht die Silberhochzeit an, die das Ehepaar in einem Kurzurlaub an der Weser in stiller Zweisamkeit verbringt. Und noch etwas erlebt der Vater – und das wird ihm eine besonders große Freude gewesen sein. Sein Sohn Christian erhält eine Sondergenehmigung und damit die Erlaubnis, bereits nach zwei, statt nach den üblichen drei Gesellenjahren die Bundesfachschule in Wolfenbüttel zu besuchen, wo er den Meisterkurs belegt.

Auch wenn an dieser Schule nicht unbedingt sein Stil gepflegt wird („zu puristisch, teilweise nicht zeitgemäß"), so besteht Klinge Ende 1984 seine Meisterprüfung. Sein Vater gehört zu den Ersten, die ihm gratulieren. Kurz darauf stirbt er.

Auch jetzt ist es noch nicht klar, ob er das traditionsreiche Familienunternehmen übernehmen wird. „Lass dir nochmal den Wind um die Nase wehen", hatte der Vater noch gesagt. Auch die Mutter lässt ihrem Sohn freie Hand bei der Entscheidung.

Wieder unterwegs

Just zu dieser Zeit eröffnet in Bremen das Canadian Pacific Hotel direkt am Hillmannsplatz. Er bewirbt sich dort als Chef-Pâtissier – und bekommt den Job. Noch bevor das Hotel seinen Gästen überhaupt die Pforten öffnet, ist Christian Klinge dort schon im Einsatz. Zuerst ist alles großartig – neu, modern –, der Anspruch stimmt, das Gehalt sowieso, das Team ist okay. Aber es dauert nur wenige Monate, da werden von der Zentrale plötzlich Sparmaßnahmen vorgeschrieben. „Auf Kosten der Qualität, das ging für mich gar nicht." Ein Grundsatz übrigens, dem er bis heute treu geblieben ist. Ende November 1985 verabschiedet er sich und lässt sich – dem Rat seines Vaters folgend – den Wind noch einmal um die Nase wehen.

Malaysia heißt das Ziel. Es ist eine spontane Bauch-Entscheidung: „Ja, das machst du!" Vorausgegangen war der Anruf eines Kollegen, der ihn fragt, ob er nicht seinen Arbeitsplatz in einem Hotel übernehmen wolle. Ein Hotel, in dem hauptsächlich europäische Geschäftsleute Station machen. Nur ganz kurz reflektiert Klinge noch: „Dort gibt es keine wilden Tiere und die Bevölkerung lebt zivilisiert. Warum also nicht?!" Asien! Da übt schon der Klang einen großen Reiz auf ihn aus.

Nach der mündlichen Zusage des Arbeitgebers konnte er davon ausgehen, dass ihm bei der Arbeit qualifizierte Mitarbeiter zur Seite stehen. Als er in Tawau in der Provinz Sabah in Ost-Malaysia ankommt, ist aber niemand da. Sie alle haben den Dienst quittiert. Kein gutes Zeichen. Jetzt kommen stattdessen Ungelernte.

Diese Tatsache ist nicht das Einzige, was die Sache vor Ort schwierig macht. Die Arbeitsbedingungen sind in mehr-

facher Hinsicht eine Zumutung. Immer mal wieder fällt der Strom aus – dann wird gehofft, dass die Hitze im Ofen noch ausreicht. Trotz des extrem feuchtwarmen Klimas gibt es in den Arbeitsräumen keine Klima-Anlage. Das Mehl muss mehrfach gesiebt werden, um wirklich sicher zu gehen, dass sich darin kein Ungeziefer mehr aufhält. Die englische Sprache gehört zwar wegen der langen Kolonialzeit unter den Briten eigentlich zum Standard, aber nicht jeder spricht sie. Manche verstehen eben ausschließlich die Amtssprache Malaysisch oder sprechen chinesisch. „Das war alles sehr spannend", so sieht der damalige Chef-Pâtissier es – rückblickend.

Aus all diesen mehr oder weniger großen Katastrophen hat er eines gelernt: Auch wenn's mal brenzlig wird, gibt es keinen Grund, in Panik auszubrechen. Er bleibt ruhig, weil er schon mit ganz anderen Situationen fertig geworden ist.

Er beißt sich also durch und der Erfolg gibt ihm Recht. Viele der Zutaten, die er normalerweise verwenden würde, bekommt er nicht, also improvisieren. Offenbar nicht allzu

schlecht, denn in dem kleinen Verkaufsladen, der während seiner Zeit innerhalb des Hotels eröffnet, finden seine Torten und Kuchen reißenden Absatz. Geld spielt dort für viele keine Rolle. Für ein Stück „German-Pastry" kann man schon mal etwas mehr hinblättern. Die Renner sind übrigens „Black-Forest-Cake" und der legendäre „German-Cheese-Cake".

Um die europäischen Gäste fern von Zuhause in der Weihnachtszeit zu überraschen, hat sich Klinge etwas ausgedacht. Schon im November werden die Ärmel hochgekrempelt und alle Kollegen mobilisiert, um neben dem

normalen Arbeitstag insgesamt 200 „German-Christstollen" zu backen. Sie schieben Überstunden ohne Ende. Der Stollen nach uraltem Geheim-Rezept enthält nur die besten Zutaten. Ebenso wie die Anfang Dezember kreierten 200 „German-Ginger-Breadhouses" (Lebkuchen-Häuser). Ein riesiger Bau-Boom bricht aus, wobei die indischen Helfer ob der ausgefallenen Idee richtig in Verzückung geraten. Zuerst werden die „Wände" gebacken, später wird alles nach und nach mit reichlich Zuckerglasur zu einem fertigen Hexenhaus zusammengebastelt, um sie anschließend noch hübsch zu verzieren. Das volle Programm.

Bis zum Verkauf muss die Ware noch etwas gelagert werden. Weil es dafür in der Backstube definitiv zu warm ist, wird ein klimatisierter Extra-Raum freigemacht. Und doch … Was für ein Desaster! Kurz vor ihrem feierlichen Einsatz muss der Konditor trotz der sorgsamen klimatischen Vorsorge feststellen, dass die Häuser aufgrund der Luftfeuchtigkeit in sich zusammengefallen, die Stollen allesamt verschimmelt sind.

Während er auf die Stollen schweren Herzens verzichten muss, versucht Klinge bei den Lebkuchen-Häusern zu retten, was zu retten ist. In aller Eile werden die traurigen „Bruchbuden" so gut es geht „saniert", das heißt getrocknet und mit Schokolade neu überpinselt.

Was er in diesem Zusammenhang weit weg von Zuhause lernt: Es gibt viele Herausforderungen im Leben, auch Niederlagen, man muss nur die Ruhe bewahren und improvisieren. „Geht nicht, gibt's nicht!" Mit dieser Einstellung kann man auch schon mal die in Suppe servierten Hühnerkrallen oder gekochten Hund probieren. Schließlich will der Mensch sich ja nicht nur von Schleckersachen ernähren. Und auch wenn er Zugang zu den westlichen Gerichten des Hotels hat, so gefällt es ihm in der chinesischen Kantine viel besser.

Dass er Deutscher oder besser: waschechter Oldenburger ist, lässt sich daran erkennen, dass er sich vor Ort ein Fahrrad kauft, mit dem er die Stadt und die nähere Umgebung erkundet.

Seinen Job macht er so gut, dass ihm das Unternehmen schon nach einem halben Jahr eine großartige Karriere in Aussicht stellt. Da die Hotelkette in Süd-Ost-Asien regelmäßig neue Häuser eröffnen möchte, bietet man ihm die Position als „Area Paistry Chef for South-East-Asia" an. Dagegen spricht eigentlich nur eins: Seinen Lohn bekommt er in US-Dollar ausgezahlt und der wird von Monat zu Monat geringer. Ob es nun – wie der Arbeitgeber argumentiert – an den Umrechnungskursen liegt oder sonstige ominöse, nicht nachvollziehbare Ursachen hat, bleibt unklar. Er fragt sich, ob das hier wirklich der richtige Ort für ihn ist. Außerdem hat er nicht einmal Zeit, Land und Leute näher kennen zu lernen. Schließlich kündigt er. Vor seiner Abreise muss noch einiges geregelt werden, bevor er sich auf den Weg zum Flughafen macht, um in einem anderen Teil Borneos noch eine Zeitlang herumzureisen. Nach den anstrengenden Wochen hat er sich das wirklich verdient.

Um eine Erfahrung reicher

Doch die Reise nach Kuching, der Hauptstadt des malaysischen Bundesstaates Sarawak, endet eher als geplant. Kurz nachdem er bereits eingecheckt hat, wird er plötzlich über

Lautsprecher ausgerufen. „Mr. Christian Klinge from Germany please come to the info-point." Hätte er den Grund für diesen Aufruf gekannt, hätte er den Flug lieber angetreten. Am Treffpunkt wird er von Polizisten mit Maschinenpistolen empfangen. Er weiß nicht, worum es geht, ist sich keiner Schuld bewusst. Schon wird er abgeführt, den Pass nimmt man ihm auch ab. Er hat ein mulmiges Gefühl im Bauch.

Eine Nacht, und die ist lang, bleibt er im Gefängnis. Von Unschuldsvermutung hat man in diesem Land anscheinend noch nichts gehört. Wer angezeigt wird, wird erst einmal festgenommen. Verantwortlich für diesen wirklich völlig überflüssigen Trouble ist sein ehemaliger Arbeitgeber, der meint, Klinge hätte seine Miete nicht bezahlt. Hatte er aber, nachweislich! Also müssen die Behörden ihn am nächsten Tag wieder laufen lassen.

Der Flug wird neu gebucht, so schnell bringt ihn wie gesagt nichts aus der Ruhe. Die nächsten sechs Wochen gleichen zum Glück viel von dem Ärger aus – wenn man ihn unterwegs auch unter Androhung von Gefahr für Leib und Leben um die Hälfte seines nicht unerheblichen Barvermögens erleichtert. Diese Zeit verbringt er mit dem Fotografen Paolo Koch, der gerade für einen Borneo-Bildband unterwegs ist. Christian Klinge kutschiert ihn als Fahrer in einem gemieteten Wagen.

Aber bald kommt Oldenburg wieder ins Spiel. Christians Mutter sagt zu ihrem Sohn beim nächsten Telefonat: „Wäre schön, wenn du nach Hause kommst." Darüber hatte er auch schon nachgedacht und macht sich auf den Weg.

Back to the roots

Es ist April 1986. In Oldenburg angekommen, macht er sich erst einmal ein Bild vom Ganzen und kommt zu dem Ergebnis: Es muss sich etwas ändern, wenn ich den Betrieb übernehme. Das ist seine Bedingung. Mit dieser Einstellung muss er bei seiner Mutter erst noch einiges an Überzeugungsarbeit leisten, denn seine Pläne werden Geld kosten. Lange ist nichts investiert worden.

Ein gutes Jahr später geht es los. Jetzt herrscht Aufbruchsstimmung im Hause Klinge. Für sechs Wochen wird das Café geschlossen, leider unerlässlich bei einer Renovierung „von Grund auf". Prämisse allerdings ist, dass der Charme des Hauses erhalten bleibt. Dass dies gelingt, dafür sorgt der kluge Geschäftsmann: Gemeinsam mit seinem Architekten reist das Ehepaar Klinge für mehrere Tage nach Wien, wo sie sich einige Dutzend Caféhäuser ansehen.

Nun ist also fürs Ambiente gesorgt, jetzt muss es „nur" noch – wie bei seinen Vorgängern – mit dem Angebot klappen. Auch dafür hat der neue Inhaber seine eigene Philosophie: „Über den Geschmack kriege ich sie alle." Das ist wohl wahr, denn wie heißt es in Fachkreisen: Gute Zutaten sieht man nicht, man schmeckt sie. Klinge fügt hinzu: „Ich muss selbst von der Art, der Qualität und dem Geschmack dessen überzeugt sein, was ich meinen Kunden anbiete."

Schokoladen-Prinz

Beim Stichwort „Geschmack" darf natürlich die Schokolade nicht unerwähnt bleiben. 2009 ist das Jahr, in dem das Café Klinge in Oldenburg den 125-jährigen Geburtstag feiert. Dies ist dem Chef Anlass genug für eine besondere kulinarische Kreation. Seine Idee ist es, eine eigene Schokolade herzustellen.

Auf einer Konditoren-Messe im Gourmet-Land Frankreich, genauer gesagt in Paris, lässt er sich inspirieren. Hier erfährt er vieles über die verschiedenen Kakaobohnen, über Anbauländer und -bedingungen, über unterschiedlichste Geschmacksrichtungen und nicht zuletzt über Schokoladenrezepte. Schnell stellt er fest, dass dieses Gebiet eine Wissenschaft für sich ist. Aber vor allem eine, die er perfektionieren möchte. Akribisch beschäftigt er sich mit diesem Thema. So lange, bis etwas Ultra-Leckeres entsteht: eine personifizierte Schokolade.

Mit viel Liebe wählt er die Schokoladen-Sorten für die Jubiläums-Tafel aus, die den Namen „Laura-Caroline" tragen wird, benannt nach seiner Tochter und der Urgroßmutter. In dieser Edelbitter-Schokolade vereinen sich Kakaobohnen aus Venezuela, Ghana und Papuaneuguinea. Viel Kakao, wenig Zucker. Das genaue Rezept der Schokolade kennt nur der erfahrene Händler und Christian Klinge selbst. Sonst niemand!

Mittlerweile gehört Klinge zu den absoluten Schoko-Experten. Weitere Kreationen sind entstanden, für jeden Geschmack etwas. Wer je ein Stück aus seinem handgegossenen Schokoladen- und Pralinen-Sortiment probiert hat, wird das bestätigen. Dort gibt es viele, zum Teil auch ausgefallene Sorten wie „Weiße Schokolade mit Cranberry" oder „Scharfe Chili".

Es klingt vielleicht ein bisschen schräg, sieht aber interessant aus und ist eine Kostprobe wert: die Grünkohl-Praline. Die gibt es in der Zeit von Oktober bis März und macht nicht nur in Oldenburg Furore. Fünf Mal schon haben ihn verschiedene Fernseh-Teams besucht und sich das mit der Grünkohl-Praline erklären lassen. So viel positives Feedback spornt ihn an. In Zusammenarbeit mit einem Experten aus dem Botanischen Garten hat er für diese ungewöhnliche Praline einige Zeit experimentiert. Schließlich gibt es unzählige verschiedene Grünkohlsorten. Letztendlich fiel die Entscheidung auf eine italienische Sorte, „weil sie die wenigsten Bitterstoffe aufweist".

Es ist schon etwas Besonderes – zudem ein originelles Mitbringsel –, das jeder zumindest einmal gekostet haben sollte. Kein Geheimnis sind übrigens die Inhaltstoffe: Grünkohl, ein Hauch Spinat für ein intensiveres Grün, Sahne, Hullmann's Alter Korn, weiße und dunkle Schokolade, Zucker und obendrauf als I-Tüpfelchen ein paar Körner roten Pfeffers.

Christian Klinge liebt seinen Beruf und setzt seine ganze Kreativität ein, um seine Kunden auch in Zukunft mit seinem süßen Handwerk zu verwöhnen, ja, zu begeistern. Ganz nach dem Motto Philip Rosenthals: „Wer aufhört, besser zu werden, hat aufgehört, gut zu sein."

Prof. Dr. Dr. Birger Kollmeier

Hörzentrum Oldenburg: Die Ohren auf Empfang

Sich irgendwie getragen fühlen und über ein Ur-Vertrauen verfügen, das einem das Gefühl vermittelt: „Es wird schon klappen!" Was für eine wunderbare, lebensbejahende Ausgangsposition!

In dieser glücklichen Lage befindet sich Professor Birger Kollmeier, ein – zu Recht – mit Ehrungen überhäufter, international anerkannter Forscher, genauer gesagt: ein Grundlagenspezialist in Sachen Hören bzw. Hörtechnik.

Forschen tut er schon als Kind. Zum Beispiel, wenn es darum geht, die selbstgebauten Flugzeug- und Schiffsmodelle mit einer Fernsteuerung auszustatten. „Die anderen, die man fertig kaufen konnte, waren viel zu teuer." Später sind es Lautsprecherboxen, die er für seine Band baut, in der er als junger Student die Bassgitarre spielt.

Schon früh ist ihm klar, dass er einmal Physik studieren will. Vorbild ist dabei der große Bruder, der in der Oberstufe die Leistungskurse Physik und Mathematik belegt. Viel-

leicht haben die beiden das Interesse an den Naturwissenschaften vom Vater, der als Berufsschullehrer für „Bäcker, Fleischer und Chemie" arbeitete.

Mit 18 Jahren jedenfalls zieht es den gebürtigen Westfalen an die Georg-August-Universität Göttingen. Dort beginnt er zum Wintersemester 1976 ein Physik-Studium. Im dritten Semester entscheidet er sich für ein Doppelstudium, er nimmt noch Medizin hinzu. Für ihn sei das die ideale Ergänzung: „In der Physik muss ich nicht viel wissen, dafür umso mehr verstehen und in die Tiefe gehen. Bei der Medizin ist es umgekehrt, da muss ich sehr viel wissen. Während die Physik die besseren Methoden hat, gibt es bei den Medizinern die interessanteren Fragestellungen."

Unterstützung erhält er sowohl von seinen Eltern als auch durch ein Fulbright-Stipendium, das es ihm erlaubt, von 1982 bis 83 in den USA an der Washington University zu studieren.

Insgesamt prägend ist der liberale Doktorvater, Prof. Dr. Manfred Schroeder, der ihm vermittelt, dass man – wie ein Biogärtner – erst einmal alles wachsen lässt. „Er hat mir die Freiheit gelassen, mich zu entwickeln, er hat mir vertraut und auf mich gebaut. Bei ihm fühlte ich mich absolut angenommen." Das Physik-Diplom schließt Kollmeier mit Auszeichnung ab, die Promotion als Arzt ebenfalls mit der Auszeichnung als bester Medizin-Doktorand. Das geht ja schon gut los!

Mit Sack und Pack

Jetzt stellt sich die Frage, wie es weitergehen soll. Gegen den Arztberuf spricht für ihn allein das Hierarchie-Denken. Das kommt für einen Teamplayer, wie er sich versteht, überhaupt nicht in Frage. Außerdem ist es die Theorie, die ihm schon immer genauso liegt wie die Praxis. Also folgt zunächst die Habilitation, gleich danach der Ruf als C3-Professor für Angewandte Physik und Experimentalphysik an die Carl von Ossietzky Universität Oldenburg. Das war 1993.

Allerdings ist man hier am neuen Standort etwas irritiert, denn „der Neue" kommt mit zwei Umzugswagen, vollgepackt mit eigenem Equipment und zudem mit insgesamt 16 Mitarbeiterinnen und Mitarbeitern im Schlepptau. So etwas hat es hier noch nicht gegeben. Grund dafür ist Kollmeiers schon früh entwickeltes „Drittmittel-Talent". Mit strukturierten Anträgen sorgt er für jede Menge Fördermittel und Personalstellen.

Dieser für Oldenburger Verhältnisse spektakuläre Auftritt sorgt erst einmal für ein akutes Raumproblem. Ein bisschen fühlen sich die Neuankömmlinge an der Uni noch wie Fremdkörper. Aber es nützt kein Jammern, dem Team bleibt eine Unterkunft im Container nicht erspart. „Immerhin", sagen einige von ihnen schon.

Überhaupt das Team! „Das ist wie im Orchester, es geht nur gemeinsam, jeder spielt das Instrument, das er beherrscht." Da spricht der praktizierende Musiker. Wichtig sei, sich selbst nicht zu wichtig zu nehmen und dafür zu sorgen, dass sich alle wohl fühlen. Diese Kombination aus fachlichem Know-how und sozialer Kompetenz ist es, was Professor Dr. Dr. Birger Kollmeier ganz besonders auszeichnet – und das ihn so erfolgreich macht.

Inhaltlich beschäftigt er sich mit den Grundlagen des Hörens und der Sprachwahrnehmung. Darüber hinaus forscht er zu Prozessen der medizinischen Signalverarbeitung im menschlichen Gehirn. Zum einen will er möglichst viel über natürliches Hören wissen, zum anderen setzt er alles daran, das natürliche Hören mit Hilfe computergesteuerter Hörgeräte optimal nachzuahmen. „Hören hat immer zwei Seiten, eine sensorische und eine kognitive. Das bedeutet, Hören ist eine intensive Zusammenarbeit von Gehör und Gehirn. Erst wenn das funktioniert, wird aus Hören Verstehen."

Mit seinen Schwerpunktthemen – Psychoakustik, Neurosensorik, klinische Hördiagnostik, Signalverarbeitung und medizinische Physik – orientiert er sich an der Arbeit der Oldenburger Professoren Volker Mellert (Physik, Akustik) und August Schick (Psychologie), die von der Deutschen Forschungsgemeinschaft (DFG) in Oldenburg mit dem Graduiertenkolleg „Psychoakustik" gefördert werden und einen erfolgreichen Start für die neue Arbeitsgruppe ermöglichen.

Drei Jahre dauert es, bis 1996 eine Entscheidung fällt. Zusammen mit dem Phoniater und HNO-Arzt Dr. Rüdiger Schönfeld und dem Evangelischen Krankenhaus Oldenburg gründet Kollmeier das Hörzentrum Oldenburg. Damit soll die Lücke zwischen universitärer Grundlagenforschung und der klinischen Praxis geschlossen werden. Dieser Zusammenschluss sorgt allerdings für weiteren Raumbedarf. Wieder bleiben dafür nur die Büro-Container, die wenigstens auf dem Campus stehen dürfen.

Was folgt, ist nur mit dem Wort „bahnbrechend" zu beschreiben. Schon im zweiten Jahr gibt es den Arbeitsbereich „Medizinische und audiologische Versorgung" mit den Angeboten „Audiologische Sprechstunde" und „Hörgeräte-Beratung". Auch bei den Erkenntnissen geht es

voran: Wurde das menschliche Hörvermögen bisher überwiegend vom einzelnen Ohr her erforscht, so geht Kollmeier davon aus, dass es um ein auditives Miteinander beider Ohren geht. Erst durch diese binaurale (= mit beiden Ohren) Sinnesleistung wird nämlich räumliches Hören möglich.

Jetzt geht's erst richtig los

Dann kommt das Jahr 2001, ein entscheidendes Jahr für den bis dahin schon international erfolgreichen Forscher Kollmeier: Aus Dänemark, dem Land mit den meisten Hörgeräte-Herstellern, erreichen ihn Rufe an die Universitäten Aalborg und Kopenhagen. Beides wäre ein absoluter Karrieresprung. Wie gut, dass man in Oldenburg jedoch bereits begriffen hat, welche Koryphäe hier vor Ort arbeitet. Doch noch steht alles auf Messers Schneide.

Wieder passiert etwas, das es zuvor noch nie gegeben hat: Der Rat der Stadt tritt zusammen und beschließt, alles zu tun, um diesen Vorzeige-Wissenschaftler in der Stadt und vor allem: an dieser Universität zu halten. Eine Form der Wertschätzung, die natürlich gut tut.

In dessen Folge kommt es zu einem halbstündigen Gespräch mit dem damaligen Niedersächsischen Wissenschaftsminister Thomas Oppermann. „Eine halbe Stunde, die mein Leben verändert hat." In diesem Gespräch geht es um seine Zukunft. Plötzlich sieht er sich in der Situation, Bedingungen stellen zu können. Dabei geht es ihm nur um eins: eine langfristige Perspektive für sich und seine Mitarbeiter.

Zugute kommt ihm seine bereits bekannte Begabung, Drittmittel einzubringen. Die sind nämlich äußerst nützlich für die Universität, denn sinnvolle Forschung kann nur funktionieren, wenn es entsprechende Vernetzungen gibt. Und gerade das Thema Hören ist sehr komplex, da geht es um interdisziplinäre Zusammenarbeit von Physikern, Biologen, Medizinern, Psychologen, Kommunikations- und Sprachwissenschaftlern.

Lange Rede, kurzer Sinn: Kollmeier bleibt in Oldenburg. Jetzt werden Pflöcke geschlagen! Der Raumnot wird mit einem Neubau an der Marie-Curie-Straße entgegengewirkt. Noch im August 2001 ist Grundsteinlegung; am 20. September 2002 wird das „Haus des Hörens" offiziell eingeweiht. Fest steht, dass hier weitere Arbeitsplätze entstehen. Außerdem braucht auch die 2001 gegründete, gemeinnützige HörTech GmbH eine feste Unterkunft, deren offizieller Sprecher Kollmeier ist.

Was hier entsteht, ist deutschlandweit einzigartig. 70 Wissenschaftler und Wissenschaftlerinnen aus fünf verschiedenen Institutionen – Hörzentrum Oldenburg GmbH, die Abteilung Medizinische Physik der CvO Universität Oldenburg, die Fraunhofer Projektgruppe „Hör-, Sprach- und Audiotechnologie", die Jade Hochschule mit dem Studiengang „Hörtechnik und Audiologie" und das Kompetenzzentrum HörTech gGmbH – arbeiten hier unter einem Dach. Alles das angeschoben von einem fähigen Koordinator mit seinem Team aus „Container-Town".

Erfolg auf ganzer Linie

Auch seine eigenen Forschungen tragen zahlreiche Früchte. Die Ehrungen purzeln nur so, die Reputation steigt ins schier Unermessliche. Dreimal schon erhalten die Oldenburger Hörforscher eine Auszeichnung als „Ort im Land der Ideen": 2006 für den Hörgarten, der hinter dem Neubau entstanden ist und in dem das Hören durch anschauliche Exponate sinnlich zugänglich gemacht wird. 2008 wird ihnen der Preis für den Kommunikationsakustik-Simulator verliehen. Dabei handelt es sich um einen hochtechnisierten Raum, der mit zahlreichen Mikrofonen und Lautsprechern ausgestattet ist und mit dem verschiedene Räume, berühmte Konzertsäle, Kirchen etc. in ihrer Akustik simuliert werden können. Schon im Jahr darauf die dritte Auszeichnung, diesmal für den HörTest per Telefon, mit dem jeder Anrufer einfach, anonym und unverbindlich den Zustand seines Gehörs überprüfen kann.

Zu den bisherigen Höhepunkten seiner Erfolgskarriere gehört auch das Jahr 2012. Einerseits startet der Exzellenzcluster Hearing4all, der in Zusammenarbeit mit der Medizinischen Hochschule Hannover und der Leibniz-Universität Hannover entwickelt wurde. Andererseits kann Kollmeier in diesem Jahr zusammen mit seinen Kollegen Prof. Dr. Volker Hohmann und dem Vertreter der Siemens AG Dr. Torsten Niederdränk die Auszeichnung „Deutscher Zukunftspreis" für ihr gemeinsames Projekt „Binaurale Hörgeräte – räumliches Hören für alle" entgegennehmen.

Die feierliche Verleihung durch den Bundespräsidenten Joachim Gauck – live übertragen im Fernsehen – ist spannend wie ein Krimi, denn die vier nominierten Teams wissen bis zur letzten Minute nicht, wer den Preis erhält. Nach der Bekanntgabe wendet sich der freudig überraschte Kollmeier erst einmal seinen beiden Kollegen zu, bevor sie dann zu dritt auf die Bühne gehen und den mit der Ehrung verbundenen Pokal entgegennehmen. Es sei der schönste Moment in seinem Leben, bringt der Teamchef überglücklich und sichtlich gerührt heraus.

Ihre Leistung ist aber auch brillant: In etwa 80 Prozent aller Hörgeräte – weltweit! – steckt technisches Know-how aus Oldenburg.

Doch wie die meisten überdurchschnittlich erfolgreichen Menschen, weiß auch Prof. Dr. Dr. Kollmeier, dass alle diese Leistungen immer nur im Team geschaffen werden können. Er ist „nur" oft derjenige, der die Dinge anschiebt und moderiert. Und genau wie sein Doktorvater und „Biogärtner" Schroeder versteht er es, den Nachwuchsforschern genügend Freiheit zu lassen, damit sie sich bestmöglich entwickeln können. 50 Doktoranden hat er in den letzten 20 Jahren begleitet. Viele von ihnen arbeiten heute in der Wirtschaft oder im universitären Bereich, jedoch immer in leitender Position. Damit trägt jeder von ihnen ein Stück Oldenburg in die Welt hinein.

Die Ausbildung des Nachwuchses ist für Kollmeier eigentlich das Wichtigste. „Es ist ein gutes Gefühl, sein Wissen weitergeben zu können", sagt er und fährt fort: „Jeder der hochmotivierten Studierenden und Doktoranden ist für mich etwas ganz Besonderes." Womit er sie ausstattet, sind drei Dinge: 1.) die Fähigkeit, alles kritisch zu hinterfragen, 2.) Grundvertrauen und 3.) der Glaube an die Umsetzbarkeit eigener Ideen. Drei Prämissen, die ihn selbst zu dem gemacht haben, der er heute ist.

Es ist schon etwas Besonderes mit ihm. Dieser Mensch hebt nicht ab, sondern ist fast so bodenständig wie ein gebürtiger Oldenburger. Er weiß, dass er und die Physik Grenzen haben. Dabei fühlt er – auch in seiner Rolle als vierfacher Familienvater – große Dankbarkeit und sich immer irgendwie getragen.

Konstantinos Leontarakis und Elena Leontaraki

Restaurant ELENA:
Unser Stolz ist die Familie

Es stimmt, die griechische Mentalität unterscheidet sich von der deutschen in vielem. So zeichnen sich die Griechen durch ihren ausgesprochen innigen Familiensinn aus. Was das betrifft, so ist die Familie Leontaraki selbst für griechische Verhältnisse etwas ganz Besonderes. Und dafür sind sie sehr, sehr dankbar.

Gemeinsam mit drei Töchtern – Panajota, Elena und Dimitra – führt das Ehepaar Konstantinos und Chrissi Leontaraki seit Juni 1997 das Griechische Spezialitätenrestaurant ELENA am Marschweg. Wie es dazu kam, das ist eine lange Geschichte. Wir fangen mal von vorne an:

Als junger Mann verlässt Konstantinos Leontarakis im Jahr 1963 seine Heimat, die griechische Insel Thassos. Sein Ziel ist Deutschland, in der Hoffnung, dass er dort studieren kann. Er ist neugierig auf das Leben, unternehmungslustig und vor allem wissbegierig. Nach einer dreijährigen Orientierungsphase beginnt er in Gießen Elektrotechnik

zu studieren. Später findet er Arbeit in Kassel als Ingenieur. Mittlerweile hat er Chrissi kennen gelernt, die mit ihren Eltern auch von Griechenland gekommen war. Die beiden heiraten und bekommen drei Töchter. Alle sind sie in Deutschland geboren: 1968 Panajota, 1973 Elena und 1977 Dimitra.

1971 reist auch der Bruder von Konstantinos, Lakis Leontarakis, nach Deutschland. Er kommt wie gerufen um in der kleinen Gaststätte von Chrissis Eltern in Burg bei Herborn auszuhelfen. Obwohl Konstantinos zu der Zeit in Kassel wohnt, weil er dort Arbeit gefunden hat, übernimmt er später zusammen mit dem Bruder dieses Gasthaus. Jedes Wochenende reist die kleine Familie an und unterstützt Lakis.

Dann gibt es diesen Moment, an dem das Paar innehält. Die Überlegung ist, wie alt sie sein werden, wenn alle drei Kinder die Schule abgeschlossen haben. „So lange in Deutschland? Können wir das aushalten?" Wenn sie jetzt nicht zurückkehren, würden die Töchter Griechenland nur aus dem Urlaub kennen. Sie würden nichts wissen von der griechischen Lebensweise, der Mentalität, der Musik, dem Klima ...

Also zurück

Nach 15 Jahren ziehen sie mit einem lachenden und einem weinenden Auge zurück nach Griechenland. Eigentlich war ja alles richtig in Deutschland. Der Vater hatte eine gut dotierte Arbeitsstelle, nette Kollegen, sie hatten eine schöne Wohnung, aber ...

Der Start im Heimatland ist nicht einfach, beruflich fangen beide fast bei null wieder an. In Kavála, seiner Geburtsstadt, findet Konstantinos schließlich eine Stelle als Leiter eines kleinen Rechenzentrums. Seine Frau eröffnet eine eigene Boutique.

Es ist gut so wie es ist. Die Familie lebt gerne in Griechenland, die Großeltern sind ganz in der Nähe, die Stadt am Meer ist traumhaft und die Sonne scheint, soviel das Herz begehrt. Alles ist stimmig! Wenn nur nicht in manchen Momenten das Heimweh, die Sehnsucht nach der zweiten Heimat wieder hochkommen würde.

Immerhin, ab und zu kann Leontarakis diese Sehnsucht stillen, denn sein jüngerer Bruder Lakis besitzt in Oldenburg seit 1981 ein sehr gut florierendes griechisches Restaurant, das „Thassos". Ihm überließen sie bei ihrer Rückreise nach Griechenland die Gaststätte in Burg und als er eines Tages die Chance bekam, die Gastronomie in Oldenburg zu führen, griff er sofort zu. Der Erfolg gab ihm Recht.

Konstantinos' Kontakt zu Lakis und seiner Familie kann eigentlich enger kaum sein, doch jetzt liegen rund zweieinhalbtausend Kilometer zwischen ihnen.

Auf zu neuen Ufern

Elena hat sich mittlerweile entschieden, Marketing zu studieren. Nach einem Jahr an einer privaten, kostenpflichtigen Hochschule bringt ihr Vater sie auf den Gedanken, in Deutschland ihr berufliches Glück zu finden – wie es auch ihm gelungen war. „Gute Idee!" Immerhin gibt es in Oldenburg ja eine Anlaufstelle, den Bruder. Und der nimmt die 19-Jährige bei sich auf und sorgt für sie wie der eigene Vater.

Da ihre Deutschkenntnisse nach 15 Jahren in Griechenland nicht mehr vorhanden sind, besucht sie zunächst einmal mehrere Deutschkurse an der Volkshochschule. Anschließend sieht die Dame in der Berufsberatung allerdings keine Chance für sie, einen Ausbildungsplatz als Werbekauffrau – wie sie es sich wünscht – zu finden. Mit Hilfe des Onkels überwindet sie sämtliche Schwierigkeiten und im Herbst 1984 ist Elena frischgebackene „Azubin" in einer Oldenburger Werbeagentur.

Das Schicksal mischt die Karten

1995 entscheidet sich auch Dimitra, die jüngste Tochter, nach Oldenburg zu gehen, um hier Biologie zu studieren. Als sie sich im Frühjahr 1996 in der Universität einschreiben will, reist der Vater an, um ihr bei allen Behördengängen zur Seite zu stehen. Zu diesem Zeitpunkt geht es Elena gesundheitlich nicht besonders gut. Ihr Hausarzt schreibt ihr eine Überweisung zum Kardiologen, der Vater begleitet sie. Sie wird untersucht, doch bevor der Arzt mit ihr das Ergebnis bespricht, fragt er, ob es ihr Vater sei, der da auf dem Flur auf sie wartet. Als sie bejaht, fragt er weiter, ob es für sie in Ordnung wäre, wenn er beim Gespräch mit dabei sei. Etwas irritiert stimmt die junge Frau zu.

Was sie dann zu hören bekommen, übertrifft die schlimmsten Befürchtungen: Die Untersuchung hat ergeben, dass nahe dem Herzen ein faustgroßer Tumor gewachsen ist. Der Kardiologe ergänzt aber, dass in ihrem Fall die Chance auf Heilung außerordentlich groß sei.

„Tapfer" sei der Vater auf dem Rückweg gewesen. „Wir schaffen das!" „Mach dir keine Sorgen!" „Alles wird gut!" Sicher und äußerlich ruhig bringt er seine Tochter nach Hause und fährt dann weiter zu seinem Bruder. Ein wenig

später ruft der bei Elena an, um zu erfahren, was denn los sei, ihr Vater sei ja fix und fertig, aber aus ihm sei nichts herauszukriegen. Jetzt weiß sie, dass er alles andere als ruhig ist. Sie erzählt ihrem Onkel von der Diagnose, woraufhin er ihr verspricht, ihr zur Seite zu stehen und zu helfen, wo er nur kann.

Die verordnete Therapie schlägt an. Doch leider muss Elena vermutlich aufgrund verschiedener Medikamente währenddessen mental eine sehr schwere Zeit durchmachen. Als sie den Tiefstpunkt erreicht, gibt ihr die Mutter Halt, bis sie wieder festen Boden unter den Füßen hat.

Überhaupt die Mutter und Ehefrau Chrissi Leontaraki: „Ohne sie hätte ich nicht überlebt. Sie ist die eigentliche Heldin der Familie", sagt Elena. „Sie ist die starke Frau hinter dem erfolgreichen Geschäftsmann, sie ist es, die der ganzen Familie den Rücken stärkt mit ihrer unerschöpflichen, bedingungslosen Liebe."

Schon am Tag nach der Diagnose war sie in Oldenburg, um ihrer Tochter von da an nicht mehr von der Seite zu weichen. Ihre Boutique in Kavála hat die Mutter längst aufgegeben. Der Vater pendelt zwischen den Ländern. Keiner weiß zu diesem Zeitpunkt, wie es weitergehen soll. Lakis unterstützt Konstaninos und seine Familie ein ganzes Jahr lang in jeder Hinsicht und nach all seinen Möglichkeiten.

Damit Elena die Decke nicht auf den Kopf fällt, geht sie weiter zur Berufsschule, wann immer es ihr Zustand erlaubt. Hier findet sie in ihrer Klassenlehrerin eine ganz besondere Mentorin. Sie ist es, die Elena privat bei sich zu Hause all das vermittelt, was sie in der Zwischenzeit an Stoff versäumt hat. Dieser Frau ist es neben dem Ehrgeiz und Fleiß der jungen Auszubildenden wohl zu verdanken, dass Elena ihre Abschlussprüfung wie vorgesehen im Frühjahr 1998 ordnungsgemäß besteht.

Nachdem auch die Therapie erfolgreich abgeschlossen ist, begibt sich Elena zu einer vierwöchigen Kur weit weg von Zuhause. Hier gelingt es ihr endgültig, aus dem schwarzen Loch der Krankheit herauszukommen.

Irgendwann gibt es Überlegungen, ob nicht die ganze Familie wieder nach Deutschland zurückkommen sollte. Doch wie genau das gehen soll, wissen sie nicht. Erste Anfragen beim Arbeitsamt sind eher frustrierend. Vater Leontarakis erhält die Auskunft, dass er mit 58 Jahren keine Aussicht hat, eine Stelle als Elektro-Ingenieur zu bekommen. Für so einen Posten würden selbst jüngere Qualifizierte schon lange Schlange stehen. „Kann man nichts machen", denkt er sich und verzweifelt nicht. „Kapitel abgeschlossen! Was jetzt?" Auch das gehört wohl zur griechischen Mentalität: „Wir schauen immer nach vorne und hoffen auf das Beste!"

Wieder ein Neustart

Und plötzlich, im Februar 1997, hat der Onkel die Idee mit dem Restaurant am Marschweg in Oldenburg, genau gegenüber dem Stadion. (Übrigens: Damals spielte der VfB noch in der 2. Bundesliga!) Sowohl Elena als auch ihre

Schwester Dimitra hatten ja in seinem Restaurant „Thassos" schon seit mehreren Jahren Erfahrung gesammelt. Es wird überlegt und kalkuliert, gehofft, gerechnet und erst einmal wieder verworfen. Schlussendlich steht fest, dass es einiges kosten wird, um dieses Projekt erfolgreich auf die Beine zu stellen.

Konstantinos und besonders Chrissi haben Bedenken, sich in ihrem Alter noch so hoch zu verschulden. Doch der auf dem Gebiet der Gastronomie bereits erfahrene Bruder macht ihnen Mut, weil er überzeugt ist, dass sie Erfolg haben werden.

Alle krempeln jetzt die Ärmel hoch und machen aus dem etwas heruntergekommenen Lokal mit eigener Kegelbahn eine kleine, gemütliche Oase. Fehlt nur noch ein Name. „Nehmt doch den Namen von der, die für all das verantwortlich ist", sagt ihr Onkel. Gute Idee! Im Juni desselben Jahres wird eröffnet. „Restaurant ELENA" steht an der Tür mit den zwei weißen Säulen und dem blauen Dach darüber. Der Chefkoch vom „Thassos" wird für sechs Monate ausgeliehen und was auf der Speisekarte steht, ist bei den Gästen am anderen Ende der Stadt seit Jahren äußerst beliebt.

Es ist harte Arbeit. Das Ehepaar Leontaraki arbeitet bis zu 14 Stunden täglich. Doch der Zusammenhalt innerhalb der Familie gibt ihnen die Kraft dazu. Unterstützt werden sie von den drei Töchtern, denn mittlerweile ist auch die älteste Tochter, Panajota, von Griechenland an die Hunte gezogen. Das Konzept geht auf!

Es dauert nur wenige Monate, bis die Familie das Vertrauen ihrer Gäste gewinnt. Natürlich gibt es immer mal wieder einen Moment im Leben von Konstantinos Leontarakis, an dem er sich ein bisschen wie Sisyphos fühlt: „Du denkst, du hast etwas geschafft und dann geht das Ganze wieder von vorne los." Im Grunde aber geht es ständig aufwärts. Und das hat natürlich seine Gründe:

Zunächst einmal überzeugt alles, was dort serviert wird, durch Frische und Geschmack. Zudem ist es der Anspruch der Familie, dass jemand, der als Fremder kommt, niemals als solcher geht. „Die Gäste sollen sich bei uns wie zu Hause fühlen." Dass sie genau das tun, beweist die hohe Zahl der Stammkunden – darunter auch viele Kinder, die es immer wieder schaffen, die Eltern zu ihrem Lieblingslokal zu lotsen (allerdings ohne allzu großen Widerstand). Kleine Gäste sind dort herzlich willkommen. Sie erfahren eine sehr persönliche Ansprache, die weder aufgesetzt noch oberflächlich ist. So etwas spüren sie. Außerdem gibt es zur Begrüßung immer einen knallbunt gefärbten „Kinder-Ouzo".

Übrigens, das erfolgreiche Familienunternehmen hat Zuwachs bekommen. Die drei Schwiegersöhne – auch alle gebürtige Griechen – packen jetzt mit an. Es ist ein harmonisches Miteinander, das von Herzlichkeit getragen wird. Auch das spüren die Gäste, unter anderem deswegen fühlen sie sich so wohl an diesem Ort.

Als es kürzlich um die Renovierung ging, hat die Familie auf den Vater gehört und entschieden, dass vom Einrich-

tungsstil her alles beim Alten bleibt. Gemütlich eben, und nicht zu modern.

Heute blickt Konstantinos Leontarakis mit Genugtuung zurück. Er fühlt eine große Dankbarkeit für alles. Zumal es ab 1998 noch einen weiteren Geschäftsbereich gibt: Mit der ELENA Reisen GmbH gelingt die zweite Geschäftsidee. Angeboten werden Reisen nach Griechenland, die sich durch ihre gute Organisation und vor allem durch die außerordentlich persönliche Begleitung auszeichnen.

Auch in diesem Bereich zeigt die Familie Fingerspitzengefühl, indem sie ein sehr feines Gespür für das hat, was ihren Gästen gefällt. So gab es einmal eine Reise nach Griechenland zusammen mit dem Schriftsteller Klaus Modick. Gemeinsam mit ihm machte sich die Reisegruppe auf die Suche nach den Spuren seines Roman-Protagonisten in dem Buch „Der kretische Gast". Was als spontane Idee entstand, entwickelte sich zu einem absoluten Volltreffer.

„Es ist wie mit Freunden zu reisen", so der Kommentar einer Teilnehmerin, die zusammen mit ihrem Mann immer wieder gerne mit dabei war. „War" deshalb, weil es jetzt solche Reisen nicht mehr gibt. Schade eigentlich!

Die Jahre fordern ihren Zoll. Mittlerweile gönnt sich der sechsfache Großvater gern auch ein bisschen mehr Ruhe. Auch, wenn das bei dieser großen Familie nur bedingt möglich ist. „Dreimal Glück gehabt!", ist das Fazit seines Lebens. Unklar bleibt dabei, ob er das dreimalige berufliche Durchstarten 1963 in Deutschland, 1977 in Griechenland und dann noch einmal 1996 in Deutschland meint oder – seine drei Töchter.

Auf die Frage, ob es in Griechenland irgendetwas gibt, was er hier vermisst, sagt er bedächtig und schmunzelnd: „Wäre das Wetter in Oldenburg so wie auf Thassos, dann wäre es hier perfekt. Aber man kann nicht alles haben."

Christoph Marquardt

Publicexpress: Leidenschaft für Mobilität

Als Christoph Marquardt mit 15 Jahren sein erstes Praktikum in Moers beim dortigen Verkehrsbetrieb absolviert, steht die berufliche Richtung für ihn schon fest. Nicht so allerdings für seine Eltern, die sich wünschen, dass er „was Vernünftiges" lernt. Doch die Liebe zum Öffentlichen Nah- und Fernverkehr, zu Fahrplänen und Bahnhöfen hat Bestand, sodass er sich nach dem Abitur für den Studiengang Raumplanung an der Uni Dortmund entscheidet, Schwerpunkt Verkehrsplanung. Was ihn an dem Fach von Anfang an fasziniert, ist der interdisziplinäre Ansatz (wobei er später findet, dass dieses Wort überstrapaziert wird).

So hat alles angefangen. Auch wenn er damals schon an Selbstständigkeit denkt, will er doch erst einmal Erfahrung sammeln. Deshalb führt ihn sein Weg Mitte der 1990er-Jahre nach erfolgreichem Studienabschluss erst einmal nach Frankfurt am Main. Super Stadt, der Job beim Verkehrsverbund klasse, doch da muss irgendwann noch was anderes her.

Ein Kreuzbandriss, den er sich beim Betriebs-Kicken zuzieht, verschafft ihm Zeit, zu Hause auf dem Krankenlager ein bisschen nachzudenken. Schnell sind ein paar Initiativ-Bewerbungen geschrieben, mit Erfolg. Die Weser-Ems Busverkehr GmbH will ihn, zunächst am Standort Osnabrück, ab dem Jahr 2000 dann in Oldenburg.

„Ich hatte schon immer eine Affinität zum Reisen, zum Unterwegssein. Und weil ich Distanzen lieber direkt erlebe, er-fahren will, kommen für mich Flugreisen nicht so sehr infrage." Jetzt schreibt er also als Diplom-Ingenieur in Niedersachsen Fahrpläne, taucht ein ins Marketing, entwickelt Vertriebskonzepte ... all das, um anderen Menschen zu helfen, Entfernungen zu überwinden.

Zur rechten Zeit am richtigen Ort

Nach vier Jahren ist die Zeit reif für das eigene Unternehmen. Endlich raus aus den festen, eher konventionellen Strukturen und rein ins volle Leben! Schließlich will er später nicht zu denen gehören, die zu sich sagen müssen: „Hätte ich mich damals doch getraut."

Immer wieder hat er seine Idee im Freundeskreis diskutiert. „Ja, das hört sich durchdacht an, das stimmt planerisch, kaufmännisch und rechtlich." Auch die Eltern haben mittlerweile ihre Meinung revidiert und machen ihm Mut: „Du kannst das!" Solche Sätze haben ihn getragen, vielmehr noch: beflügelt. So sehr, dass er im September 2004 Publicexpress gründet. Eine Entscheidung, die er nie bereut hat.

Jetzt ist der richtige Zeitpunkt, und der Ort Oldenburg stimmt sowieso. Die Verbundenheit zur Stadt und umzu ist so sehr gewachsen, dass er hier nicht mehr weg will. Zudem hat er mittlerweile zehn Jahre Berufserfahrung und mit Mitte dreißig fühlt er sich jung bzw. alt genug, ein solches Projekt zu starten. „Immerhin fühlte ich mich trotz der Begeisterung dafür ausreichend geerdet."

Oldenburg – Groningen – Oldenburg

Dreimal täglich von Oldenburg nach Groningen und zurück mit dem Linienbus, der „kleine Grenzverkehr", das war die Idee. Ein „geschickter Zug" sozusagen, denn innerhalb der Republik gibt es keine Genehmigung für Buslinien zwischen zwei Städten. Zwar ist die Liberalisierung des inländischen Fernlinienverkehrs unter Politikern schon Thema. Bis es jedoch zu einer akzeptablen Neuregelung des Personenbeförderungsgesetzes kommt, dauert es schlussendlich noch bis zum 1. Januar 2013.

Genutzt wird bei der Linie Oldenburg/Groningen/Oldenburg unter anderem das touristische Potenzial, das allein schon durch die Partnerschaft der beiden Städte vorhanden ist. Aber auch die Verbindung zweier aufstrebender Universitätsstädte ist Teil des Konzepts. Schließlich gibt es viele Studierende aus dem Nordwesten Deutschlands, die sich für einen Studienplatz in Groningen entscheiden. Ganz aktuell wächst gerade dieser universitäre Bereich auch durch die European Medical School immer mehr zusammen.

Es ist von Anfang an ein Erfolgsmodell. Schnell erhöht sich die Zahl der Haltestellen, schon bald darauf erweitert sich der Fahrplan. Bremen ist mit je einer Haltestelle am Flughafen und am Bahnhof dabei, Ostfriesland wird „erobert", die Taktung erhöht: Heute fährt fast alle zwei Stunden ein Bus in die Niederlande und zurück. Außerdem pendelt jede Nacht einer zwischen den Niederlanden und Bremen, um Reisende pünktlich zu ihrem Flieger zu bringen.

„Du musst beharrlich sein"

Marquardt ist ein Teamplayer, er sucht – und findet – die passenden Partner. Ob Hochschulen, Hotels, Kultureinrichtungen, Busunternehmen ... „Da muss man auch mal querdenken." Das kann er, das ist ein Stück von ihm. „Vor allem bin ich ein großer Befürworter dezentraler Strukturen. Deshalb führt der Weg zum Erfolg für mich immer nur über gezielte Kooperationen. Wir müssen die Ärmel hochkrempeln und Win-win-Situationen schaffen."

Das Liniennetz ist heute wesentlich dichter, eben dank verschiedener Partner: Berlin und Hamburg sind angeschlossen, und seit Sommer 2013 existiert eine äußerst vielversprechende Route, die Süddeutschland mit Frankreich verbindet.

Das A&O dieses Vernetzungsgedankens ist die gegenseitige Verlässlichkeit. Man muss nicht alles selbst können, doch man muss sich auskennen: Wer ist gut? Auf wen kann ich mich verlassen? Wer passt inhaltlich und menschlich zu uns?

Was ebenfalls zum erfolgreichen Arbeiten für ihn dazugehört, ist ein großes Maß an Identifikation. „Wie soll ich andere überzeugen, wenn ich selbst zweifele, wenn ich nicht selbst mit Herzblut dabei bin? Du musst einfach an dich selber glauben." Der Motor sein, Spaß haben, das Umfeld mitziehen ..., das sind seine Prämissen. Nur so will er arbeiten.

Jeder, der mit dem Gedanken spielt, sich selbstständig zu machen, braucht – so Marquard – neben der eigentlichen fachlichen Kompetenz drei Dinge: Zunächst einmal bedarf es einer positiven Grundeinstellung, außerdem gehört ein hohes Maß an Motivation dazu und natürlich: Beharrlichkeit.

Wichtig ist es auch zu wissen, wie die Dinge miteinander verknüpft sind. „Das heißt, du musst als Generalist den Überblick behalten." Den Überblick behalten heißt aber auch, dass Kurskorrekturen nicht nur zulässig, sondern manchmal dringend notwendig sind. Da gibt es kein „Das-haben-wir-schon-immer-so-gemacht" wie bei so manchem kommunalen Anbieter.

Offen für Neues, flexibel sein, darum geht's. „Gerade die Herausforderungen sind es, die mich antreiben. Wir von Publicexpress schaffen Lösungen." Natürlich gibt es hin und wieder auch mal Probleme, schließlich ist niemand unfehlbar. „Aber wir tun alles, sie aus dem Weg zu räumen. Wichtig ist es, einen Fehler nicht zweimal zu machen."

Alles in Fluss

Was viele gar nicht wissen ist, dass die Deutsche Bahn all die Jahre das Monopol der Personenbeförderung im Fernverkehr besaß. Sobald es zwischen zwei Städten eine Eisenbahnverbindung gab, wurde ein regelmäßiger Busverkehr aufgrund des „Verbots der Doppelbedienung" einfach nicht genehmigt. Damit ist seit dem 1. Januar 2013 Schluss.

Damit entfallen auch die nicht unerheblichen Restriktionen gegenüber freien Busunternehmen endgültig. Verbraucher können nun zwischen Zug und Bus wählen, wobei der freie Wettbewerb ausdrücklich erwünscht ist. Mit anderen Worten: Es herrscht ordentlich Bewegung am Mobilitäts-Markt.

Wieder so eine Herausforderung, die den „Macher" Marquard anstachelt. Wie gut, dass er mit Publicexpress zu diesem Zeitpunkt schon über neun Jahre Erfahrung verfügt. Das hilft schieben!

Natürlich hat auch er über die Jahre lernen müssen. „Von Haus aus bin ich ja eher ein ungeduldiger, emotional geprägter Mensch. Es brauchte in den ersten zwei, drei Jahren etwas Zeit bis ich verstanden hatte, dass es mir nicht weiterhilft, wenn ich mal wieder mit dem Kopf durch die Wand will." Richtig aber war der Gedanke: „Du musst auch mal etwas wagen." Da ist vor allem die innere Beweglichkeit gefragt.

„Alles ist besser als nichts zu tun!" Vom Nichtstun kann bei Publicexpress auch nicht die Rede sein. Verkehrsplanung, Marketing und der Vertrieb, das sind die Stärken des weiter expandierenden Unternehmens. Nur so kommen wohl auch Spitzenwerte wie dieser zustande: „73 Prozent unserer Kunden kommen aufgrund einer Empfehlung zu uns. Und sie bleiben! Das sind alles Wiederholungstäter."

Und wenn doch mal jemand etwas zu monieren hat, dann gibt es ja immer noch das Kunden-Telefon. Auch dafür ist sich der Chef nicht „zu schade", denn ein guter Planer zu sein ist die eine Seite. Die andere ist, dass man das Ohr an der Basis, bei seinen Kunden hat. Für Marquard auch ein Grund, immer mal wieder selbst im Bus nach Groningen zu fahren.

Bodo Maßmann

„Der Schwan" und „Hafenhaus": Nah am Wasser

Mit 27 Jahren ist er in Oldenburg und in Gedanken. In Oldenburg deshalb, weil er hier Betriebswirtschaft studiert, in Gedanken, weil ihm jemand ernsthaft angeboten hat, den „Schwan" zu übernehmen, eine direkt am Hafen gelegene, 1991 eröffnete Brasserie mit Biergarten. Genauer gesagt ist es das erste Haus am Hafen, eine Formulierung, die er heute gerne auch im übertragenen Sinne verwendet. Dass er einmal selbstständig sein wollte, schwebte ihm schon lange vor. „Dann muss man es auch machen!" Aber gerade jetzt?

Was tun? Schließlich ist das Studium noch nicht abgeschlossen. Dafür kennt er sich im Gaststättengewerbe bereits ganz gut aus, was ihm übrigens als Student in finanzieller Hinsicht zugutekommt. Schon als Jugendlicher hat er in seiner Heimatstadt Emden hinter der Theke gejobbt. Sogar neben der Ausbildung zum Industriekaufmann – übrigens lernte er auf einer Werft; er hat also schon damals nah am Wasser gebaut – brachte er sich dort hin und wieder ein.

Drei Monate Bedenkzeit braucht er, dann sagt er zu. Drei Monate, in denen er – zeitweise zusammen mit seinem Vater, der als Controller in einem großen ostfriesischen Unternehmen tätig ist – alles durchrechnet, in denen er konsequent weiterdenkt, abschätzt und eigene Ideen entwickelt. Er braucht diese Zeit, um sich einen Überblick zu verschaffen. Im Grunde seines Herzens ist er nämlich ein sicherheitsliebender Mensch. Den Sprung ins kalte Wasser überlässt er eigentlich gerne den anderen. Was er anfasst, hat in der Regel Hand und Fuß. „Dieses Projekt war schon eine Hausnummer." Heute ist es müßig, darüber nachzudenken, ob es auch eine Portion jugendlicher Leichtsinn war, denn heute wissen wir: Es hat geklappt!

Dabei ist 1997, als es wirklich ernst mit der Entscheidung wird, das finanzielle Risiko nicht unerheblich. Außerdem gleicht das immerhin 300 m² große Lokal noch eher einem hässlichen Entlein denn einem stattlichen Schwan. Doch Maßmann sieht genügend Potenzial darin. Mit einem offenbar angeborenen Kennerblick erfasst er die Defizite. Dank seiner Recherchen weiß er zu dem Zeitpunkt bereits, dass schon bald ein großes Kino in der Nähe entstehen wird. Auch die Bahnhofsnähe spricht für diese Lokalität, die so malerisch am Wasser und zugleich im Herzen der Stadt liegt. In seinem Kopf entstehen alsbald konkrete Pläne, wie er die ehemalige Szenekneipe wieder in Schwung bringt. Im Nachhinein erweist sich genau diese frühe Einschätzung als Teil seines Erfolges.

Strukturwechsel

Als Erstes entscheidet er sich für eine andere Personalstruktur: Wer in die anerkannte Gastronomie aufsteigen will, braucht Fachkräfte. Also stellt er welche ein. Einige der studentischen Aushilfen allerdings dürfen bleiben. Eine davon ist Inka, die Frau, die er später heiraten wird. „Ich habe sie gleich mit dem Inventar übernommen." Der Funke zu ihr ist wohl schon früh übergesprungen. Mit der großen Liebe an seiner Seite schwebt er also in die Selbstständigkeit.

Als Zweites sucht er sich einen guten Koch. Eine ausgewogene Speisekarte gehört zu seinem Konzept. Die Zeit für Brasserie und Biergarten ist für dieses Haus passé. Was er will, ist eine Gaststätte mit Komplettservice, in der sich die Gäste so wohl fühlen, dass sie gerne wiederkommen. Rund um die Uhr bietet „Der Schwan" nun gutes Essen zu akzeptablen Preisen an. Auch soll es keine Szenekneipe sein. Deswegen wird die Nutzung der Cocktailbar Liners komplett geändert. Als Party- und Gesellschaftsraum, ausgestattet mit modernen Loungemöbeln, Theke, Tanzfläche, Terrasse zum Grillen und – bei Bedarf – mit einem Zelt davor, ist dieser Raum vielfältiger nutzbar.

Punkt drei seines Erfolgsrezeptes betrifft die Bodenständigkeit (was ihm als gebürtiger Ostfriese nicht allzu schwer fällt). „Viele meiner Kollegen haben schnell den Boden unter den Füßen verloren, vor allem, wenn das Projekt erstmals schwarze Zahlen schreibt. Doch ich stehe mehr auf langfristigen Erfolg." Punkt vier auf seiner Liste lautet: Mach dich vor allem nicht genreabhängig. „Unser Angebot richtet sich bewusst an alle Altersklassen."

Gute Lage, gute Küche, gutes Personal

Nachdem er gut elf Jahre Erfahrung gesammelt hat, tut sich 2009 eine zweite Chance auf: in Emden, ebenfalls direkt am Wasser, genauer gesagt an der Promenade zum alten Binnenhafen. Jetzt sind sie zu zweit, Bodo Maßmann und sein Jugendfreund Onno Marahrens. Gemeinsam wollen sie das Restaurant und Café sowie das Außendeck mit Leben füllen. „Willkommen an Bord!" Diese beiden sind irgendwie ein Dreamteam, der eine ein exzellenter Koch mit extrem feiner Zunge, der andere ein in Gastronomie erfahrener Kaufmann. Zudem noch ziemlich beste Freunde, die sich auch sonst optimal ergänzen und die an einem Strang ziehen, wenn es ums Geschäft geht. „Jeder bringt seine Stärken ein, das ist Gold wert."

Was hier am alten Binnenhafen serviert wird, sind kulinarische Leckerbissen. Die offene Küche mitten im Lokal ist nicht nur appetitlich anzusehen, sie sorgt auch für Transparenz. Hier lässt sich der Küchenchef gerne mal auf die Finger schauen. Überhaupt zählt Offenheit zu den Eigenschaften, die beide Partner schätzen. Genauso wie ein gewisses Maß an Toleranz und Ausdauer. Sie „ticken" offenbar in mehrfacher Hinsicht ähnlich, denn ihre geschäftliche Beziehung wird ein voller Erfolg. „Wir wissen, dass wir uns aufeinander verlassen können. Dieses zuverlässige Miteinander hilft enorm schieben, gerade auch, wenn mal schwierige Entscheidungen anstehen."

Vom Flammkuchen bis zum Hummerschwanz, vom gepflegten Bier bis zu ausgesuchten Weinen, der Gast kann hier nach Herzenslust essen und trinken. Ob junge oder alte Menschen, Familien, Touristen oder Einheimische, sie alle sind herzlich willkommen. Mitunter kommt sogar die Prominenz an Bord, zum Beispiel Otto Waalkes. Dabei ist es sicher kein Geheimnis, dass der frisch gepuhlte Krabben und den Fischteller liebt, übrigens eine besondere Empfehlung des Hauses.

Schon beim Blick auf die Speisekarte läuft einem das Wasser im Mund zusammen. Suppen, Salate, Vorspeisen, Fisch, Fleisch – alles frisch zubereitet und möglichst aus der Region. Wer sich so gar nicht entscheiden kann, der wählt

„Dör de Köken" und erhält eine Platte mit einem „kulinarischen Streifzug durch die Küche". Eben von allem etwas.

In beiden Häusern läuft es rund. Es gibt wenig Fluktuation beim Personal, insbesondere in den leitenden Positionen. Betriebs-, Küchen- und Schichtleiter arbeiten Hand in Hand. Sollte sich dennoch von den Servicekräften einmal jemand verabschieden, so hält Maßmann meistens die Tür für später offen: „Wir sehen uns ja doch wieder." Mehr als einmal hat er dabei Recht behalten. „Dann empfange ich sie mit einem Lächeln und freue mich, dass sie wieder da sind." Ein gutes Einfühlungsvermögen ist eben auch Gold wert. Wohl dem, der darüber verfügt.

Dass er auch sonst auf Qualität setzt und durchaus mutig ist, beweist die Wiederbelebung des Hafenfestes im Jahr 2010, an dessen Organisation er maßgeblich beteiligt ist. Im Mittelpunkt steht diesmal wirklich das Wasser bzw. der Hafen. Dafür sorgen besondere Aktionen wie Piraten, Stand-Up-Paddler und das schon jetzt legendäre Enten-Rennen vom Lions-Club Oldenburg, natürlich auch Kinderbelustigungen, handfeste Life-Musik und Kunsthandwerk. „Es sollte einfach ein Fest für die ganze Familie werden und das ist uns, glaube ich, gelungen." Dass es tatsächlich *sehr* gut gelungen ist, dafür spricht allein die Zahl der Besucher.

Und noch einmal nah am Wasser gebaut

Was gut funktioniert, ist natürlich auch Ansporn. Die Männer stehen mitten im Leben und beide haben den absoluten Rückhalt in ihrer Familie. Warum sollten sie in so einer

Situation nicht noch einmal zugreifen, wo doch das nächste interessante Objekt wieder am Wasser liegt. Jetzt geht es um das Hafenhaus in Oldenburg, ehemals „Schöne Aussichten", direkt an der Schleuse.

Das kann ja kein Zufall sein. „Ich bin gern am Wasser, das ist für mich ein magischer Ort." Bevor jedoch Anfang 2014 eröffnet werden kann, geht es dem Haus erst einmal an die Substanz. Diverse bauliche Veränderungen stehen an, die Küche wird vom Ober- ins Erdgeschoss verlegt, Wände werden eingerissen, damit Licht und Luft die Räume durchfluten können. Wie im Emder Hafenhaus geht es auch hier um Offenheit. Im Grunde ist es das bekannte und bewährte Konzept: nah am Wasser, gute Küche und das richtige Personal.

Zwei Lokale am Laufen, eins in der Entstehungs- und Bauphase, das ist stressig. Dauernd gibt es etwas abzustimmen und zu entscheiden. Doch die beiden Ostfriesen sind die Ruhe selbst – jedenfalls äußerlich. „Das wird schon!"

Leider ist die Zeit für die Familie in diesen Monaten sehr knapp. Dabei versteht sich Maßmann als absoluter Familienmensch. Das hat er wohl von seinen Eltern. Die haben ihm und seiner vier Jahre älteren Schwester eine glückliche Kindheit geschenkt. Als Junge ist er immer ein bisschen chaotisch gewesen, der von Schule nicht viel hielt. Er hat halt viel ausprobiert, nicht immer zur Freude von Mutter und Vater. Da wurde auch schon mal etwas auseinander- und unzureichend wieder zusammengebaut. „Ich wollte einfach wissen, wie es innen aussieht." Und schon war er wieder um eine Erfahrung reicher.

Eines aber gibt letztendlich doch zu denken, vor allem weil es für einen bekennend bodenständigen Ostfriesen so gar nicht üblich ist:

Mitten im Gespräch erwähnt er nämlich plötzlich seine Reiselust und dass er die Berge so sehr liebt. „Ich könnte mir vorstellen, auch in den Bergen zu leben." Upps?! Okay, er fährt gern Ski und das Essen in Österreich schmeckt ihm besonders gut. „Die Österreicher sind uns kulinarisch weit voraus, deswegen holen wir uns immer wieder Tipps und Anregungen von dort." Aber dafür verlässt man doch nicht die norddeutsche Tiefebene! Bleibt nur zu hoffen, dass er nicht eines Tages sagt: „Wenn ich einen See seh, brauch ich kein Meer mehr."

Renate Monse

Fleischerei Monse: Sonne in der Seele

Es gibt ein deutsches Sprichwort, das heißt: Nichts trägt so viel Zinsen wie Freundlichkeit und gute Laune. Wenn man diesen Satz bei Licht betrachtet, so steckt dahinter ein perfektes Erfolgsrezept. Doch so ein herzliches Naturell, das hat man oder eben nicht. Renate Monse hat es – von Geburt an. Schon als Kind fällt sie in der Schule durch ihre freundliche Art auf.

Für die weiterführende Handelsschule haben ihre Eltern Mitte der 1950er-Jahre kein Geld. Deswegen beginnt die 14-jährige Renate in ihrer Heimatstadt Delmenhorst eine Ausbildung zur Rechtsanwalts- und Notargehilfin. Stenografie und Schreibmaschine hat sie schon als Zwölfjährige angefangen. Nach erfolgreicher Gesellenprüfung arbeitet sie als Fakturistin bei delmod, da kann sie mittlerweile schneller stenografieren als ihr Chef diktieren. Sie ist eben ein ehrgeiziger Mensch.

Mit 19 Jahren lernt sie Eberhard Monse kennen, der im Krieg mit seiner Familie aus Schlesien nach Oldenburg geflüchtet war. Er hat gerade die Meisterprüfung im Fleischer-

handwerk bestanden. Die beiden verlieben sich ineinander und schmieden schon gleich ernste Pläne. Verliebt, verlobt, verheiratet. Das war der erste „Streich", doch der zweite folgt sogleich: Eberhard Monse beschließt, sich zusammen mit seiner Schwester zunächst in Osternburg, später in der Mottenstraße selbstständig zu machen. Außerdem betreibt er einen Verkaufsstand in der alten Markthalle.

Natürlich soll auch seine Frau Renate ins Geschäft integriert werden. Doch sie ist klug genug, sich erst einmal mit den Grundkenntnissen des Fleischer-Handwerks vertraut zu machen – und zwar in einem fremden Oldenburger Fachgeschäft. „Das war gar nicht so einfach. Ich habe schon immer sehr viel Wert auf mein Äußeres gelegt, das heißt, ich trug Schuhe mit hohen Absätzen und meine Fingernägel waren rot lackiert. So ein ‚Modepüppchen‘ wollte niemand im Schlachterladen stehen haben." Schließlich aber klappt es doch. Für ein dreiviertel Jahr arbeitet sie in einer Fleischerei in Eversten. „Es hätte mich doch von den Angestellten niemand ernst genommen, wenn ich als Chefin keine Fachkenntnisse gehabt hätte."

Die beiden fangen bei null an. Eberhard Monse hat sein letztes Geld in die Meisterprüfung gesteckt. Jetzt verursacht die Geschäftseröffnung im Jahr 1959 einen hohen Schuldenberg. Hinzu kommt, dass der Handel mit Fleisch und Wurst gerade in der Innenstadt ein schwer umkämpfter Markt ist. Es gibt nicht nur andere Fachgeschäfte, auch die Kaufhäuser – Hertie, Kepa, Merkur (später Horten) – verkaufen Frischfleisch und Aufschnitt.

Was hilft, ist ein klares Konzept ergänzt durch Fleiß und Qualität. Genauso machen es die beiden. Sie setzen gezielt auf schlesische und hiesige Spezialitäten. Das Netzwerk der ehemaligen Schlesier in Oldenburg ist eng geknüpft, man vertraut einander. „Die hielten zusammen damals." Weihnachten zum Beispiel werden überwiegend Weißwürste produziert, denn Weißwurst ist und bleibt nun mal *das* traditionelle Gericht für Schlesier am Heiligabend.

Dass auch Renate Monse sowohl von ihrer Mutter als auch bei ihrem Lehrherrn während der Ausbildung fachlich et-

was gelernt hatte, zeigt sich in dem Moment, als es um die Herstellung von speziell norddeutschen Blutballen und Oldenburger Hackgrütze geht. „Das muss anders schmecken", sagt's und greift selbstbewusst in die Gewürztüte. Ihr Mann wiederum ist klug genug, das zu akzeptieren.

In den 1960er-Jahren bekommen die beiden drei Kinder, einen Sohn und zwei Töchter. Und noch ein viertes Kind, das ihrer Schwägerin, wächst bei ihnen auf, weil die Mutter ja ebenfalls bei Monse beschäftigt ist und weil es mit anderen doch immer viel lustiger ist. Da Mutter Renate durchgehend im Laden steht, gibt es eine Hausangestellte, auf die zu 100 Prozent Verlass ist. Praktisch ist dabei, dass die Familie seit 1964 im Obergeschoss, direkt über dem Verkaufsraum wohnt. So ist die Chefin für ihre Kinder jederzeit erreichbar.

Futtern wie bei Muttern

Der Laden brummt! Das ist sehr gut, aber kein Zufall. Qualität und Ästhetik, beides muss stimmen – sowohl bezüglich der Waren als auch bezüglich des Personals. Renate Monse hat nun schon einige Jahre Erfahrung und außerdem ein Gefühl dafür, wie denn zum Beispiel der Aufschnitt am besten zu präsentieren sei. „Wenn es nicht ganz so perfekt aussieht, dann sage ich zu meinen MitarbeiterInnen, dass sie sich einfach mal vor den Tresen stellen sollen. Dort, aus Kundensicht, sieht es nämlich ganz anders aus."

1972 entscheidet sich das Ehepaar Monse dafür, das Geschäft in der Mottenstraße zu vergrößern und zu modernisieren. Ein mutiger Schritt, denn noch sind nicht alle alten Schulden getilgt. Zeitgleich wird der Verkauf in der altertümlichen Markthalle aufgegeben. „Dort gab es keine Kühltheken. Was im Sommer bis Mittag nicht verkauft war, musste aus hygienischen Gründen entsorgt werden." Außerdem hielten nun die Trolleybusse nicht mehr auf dem Rathaus-markt, also sozusagen vor der Haustür, sodass es für ältere Menschen schwierig wurde, die Markthalle zu erreichen.

Die Rechnung geht auf. Es erfordert Kraft, aber es macht auch Spaß. „Rückblickend würde ich nichts anders machen.

Ich war immer zufrieden." Dann hat sie eine Idee: In den 70er-Jahren gibt es in der Innenstadt einmal im Monat einen langen Samstag, an dem die Geschäfte ausnahmsweise bis 16 Uhr geöffnet haben. Da liegt der Gedanke nahe, dass all die Menschen, die über Mittag in der Stadt sind, etwas Vernünftiges zu essen brauchen.

„Wir kochen Erbsensuppe, einen großen Pott voll", sagt Mutter Monse zu ihrem Koch. In der Einfahrt rechts neben dem Eingang wird eine provisorische Suppen-Ausgabe mit ein paar Stehtischen aufgebaut. Als ihr eigener Marketingchef stellt sie zu Werbezwecken große Schilder an der Haarenstraße/Ecke Lange- und Ecke Mottenstraße auf. „Ab 11 Uhr Erbsensuppe bei Monse!" Auch im Parkhaus am Waffenplatz finden sich diese Schilder auf jeder Etage. Als der Parkhausbesitzer dahinterkommt und die Schilder entfernen lässt, ist schon einige Zeit vergangen. Bis dahin hat die Werbeaktion ihren Zweck voll erfüllt.

Gleich am ersten Tag gegen Mittag, als Frau Monse auf die Straße schaut, kriegt sie einen großen Schreck. Was sie sieht, ist eine Schlange bis zur Kurwickstraße. Der Koch jedoch bleibt ganz locker und sagt schmunzelnd, man könne ja noch Wasser zur Suppe tun. Aber natürlich packt ihn der Ehrgeiz: Flugs wird alles in Bewegung gesetzt, um der hungrigen Schar gerecht zu werden.

Was in diesen Tagen seinen Anfang nahm, ist heute längst Kult. Die Menschen strömen noch immer – verstärkt – zu Monse. Hier trifft sich Oldenburg bei Erbsensuppe und anderen Eintöpfen.

Schicksalsschlag

Anfang der 1990er-Jahre befindet sich das Fachgeschäft Monse auf einem Umsatz-Höhepunkt. Das Unternehmen beschäftigt 100 Mitarbeiterinnen und Mitarbeiter. Neben dem Verkauf von Fleisch und Wurstwaren und dem Suppenausschank hat das Ehepaar Monse nebenan noch ein Restaurant eröffnet, außerdem wird „Essen auf Rädern" angeboten. Insgesamt kocht Monse täglich 4.000 Portionen.

In dieser Zeit, in der alle Beteiligten ohnehin schon hart am Limit sind, erkrankt der Chef plötzlich schwer. 1992 stirbt er im Alter von noch nicht einmal 60 Jahren. Ein Schock!

„Ohne meine Kinder hätte ich diese schwere Zeit nicht überstanden."

Wie gut, dass ihr Sohn Andreas bereits – wie sein Vater – mit Mitte zwanzig die Fleischermeisterprüfung bestanden hat. Zwar ist es früher als gedacht, doch er steigt jetzt – gerade mal 30 Jahre alt – ins Geschäft mit ein. Trotzdem steht am Anfang immer wieder die Frage im Raum: „Wie schaffen wir das nur?"

Es müssen Entscheidungen getroffen werden, schließlich will die Familie nach diesem Schicksalsschlag wieder „stabil werden". So wie es einmal war, ist es allerdings nicht mehr zu leisten. Die Belegschaft wird auf ein gesundes Maß reduziert. Man konzentriert sich wieder voll und ganz aufs Kerngeschäft, deswegen werden jetzt nicht mehr so viele verschiedene Firmenkantinen in der Innenstadt und andere stadtnahe Unternehmen mit Mittagessen versorgt. Es zeigt sich schnell, dass dies der richtige Weg ist.

Was in den 80er-Jahren mit den unterschiedlichen, aber sich so gut ergänzenden Standbeinen begonnen hatte, wird jetzt durch den Partyservice und einen Onlineshop vervollständigt. Letzteres ist „ein Segen" für viele Buten-Oldenburger, die zum Beispiel um keinen Preis auf den Original Oldenburger Grünkohl verzichten wollen – natürlich mit allem, was dazugehört.

Mit Liebe und Verantwortungsbewusstsein

Mittlerweile ist aus dem ehemals kleinen ein großes Familienunternehmen geworden. 2005 gibt Renate Monse – jedenfalls offiziell – die Zügel aus der Hand, um sie zu gleichen Teilen an ihren Sohn Andreas und ihre Tochter Alexandra zu übergeben. Zur Firma gehören jetzt rund 70 Angestellte, darunter auch die beiden Schwiegerkinder. So ist der Schwiegersohn als Multitasking-Talent sehr willkommen, da er unter anderem den Online-Shop am Laufen hält. „Doch ob Familienmitglied oder nicht, jeder Mitarbeiter ist bei uns wichtig. Wir sind alle zusammen ein gutes Team."

Wer glaubt, Renate Monse würde sich zur Ruhe setzen, der hat sich geirrt. „Das Geschäft ist schließlich mein Wohnzimmer, mein Ein und Alles. Ein Leben lang habe ich hier mit viel Liebe und Verantwortungsbewusstsein gearbeitet. Und das ist auch heute noch so." Noch immer ist sie an der Kasse zu finden, wo sie mit den zahlreichen Stammkunden (90 Prozent!) einen kurzen Plausch hält. Und wenn's hart auf hart kommt, ist sie auch wieder mit 100 Prozent im Einsatz. „Nur das Aufstehen morgens um vier Uhr, das fällt mir heute ein bisschen schwerer als früher."

Wofür sie sich allerdings Zeit nimmt, sind ihre Englisch-Kurse. Denn eines hat sie mit den Jahren entdeckt: ihre Liebe zum Reisen. „Da sind ein paar Englischkenntnisse nie verkehrt." Eines wäre nun auch wirklich kaum vorstellbar: Renate Monse, diese durch und durch kommunikative Frau, sprachlos unter Menschen.

Eva Müller-Meinhard &
Gerhardine Müller-Meinhard Cardoso

Bruns Männermode: Ein starkes Doppel

Jede Zeit und jede Generation hat ihre eigenen Erfolgsrezepte. Besonders auffällig ist dies natürlich in einem familiengeführten Unternehmen, wie Bruns Männermode in Oldenburg, das seit 1896 erfolgreich am Markt agiert. Der letzte Wechsel – in die vierte Generation – liegt hier schon fast anderthalb Jahrzehnte zurück. Auch wenn die Geschichte und die ganze Entwicklung dieses traditionellen Handelshauses mehr als spannend ist, sollen an dieser Stelle die jetzigen Geschäftsführenden Gesellschafterinnen im Zentrum des Geschehens stehen: Eva Müller-Meinhard und Gerhardine Müller-Meinhard Cardoso, zwei von drei Schwestern. Die dritte im Bund, Christine Müller-Meinhard, hat sich für einen anderen Berufsweg entschieden, ist aber dem Wirken ihrer Schwestern immer verbunden geblieben.

Zwei Frauen, zwei Persönlichkeiten. Zusammen sind sie ein starkes Doppel. Vielleicht weil sie so unterschiedlich sind und es doch so viele Gemeinsamkeiten gibt, die sie ver-

binden. „Uns gibt's nur im Doppelpack." Das ist ihre Maxime für die Firmenleitung und letztendlich ihr ureigenes Erfolgsrezept.

Frauen haben in diesem Unternehmen schon von Anfang an eine entscheidende Rolle gespielt. So konnte der Urgroßvater und Schneidermeister Gerhard Bruns das Haus in der Haarenstraße 57/Ecke Mottenstraße am Ende des 19. Jahrhunderts nur mit der finanziellen Hilfe seiner Frau Gerhardine erwerben. Mit dieser Unternehmung wagten die beiden den Schritt in die Selbstständigkeit. Im Erdgeschoss befanden sich die Geschäftsräume, oben wohnte die Familie – übrigens bis in die 1960er-Jahre.

Gerhard und Gerhardine handelten mit Arbeitsbekleidung, ein Geschäftszweig, der bei Bruns Männermode noch heute besteht. Erst später kamen Anzüge dazu, die damalige „Universalbekleidung" für den Mann.

Die vierte Generation des Unternehmens

Lang, lang ist's her, dass die Urgroßeltern von Christine, Eva und Gerhardine Müller-Meinhard das Geschäft führten. Heute „bekleiden" dieses Amt zwei der drei Urenkelinnen. Dabei hatte es anfangs gar nicht danach ausgesehen:

Eva, die zwar in jungen Jahren schon viel im Geschäft mitgeholfen hat, entscheidet sich dann doch lieber für ein Architekturstudium in Berlin. Gerhardine weiß dagegen schon mit fünf Jahren, dass sie einmal im Familienbetrieb arbeiten wird. Doch bevor es dazu kommt, vergehen viele Jahre, von denen sie einige im Ausland verbringt. Nach einer Ausbildung zur Einzelhandelskauffrau in Hamburg zieht es sie mit ihrem späteren Mann nach Portugal, wo sich das Paar eine erfolgreiche Existenz im Bereich Gastronomie aufbaut. Hier wird 1991 auch ihre gemeinsame Tochter Sara geboren.

Erste Annäherung

Nach dem Studium nimmt Eva Müller-Meinhard von Berlin aus erste berufliche Kontakte zu ihrem Vater auf. Es

geht, zunächst in Zusammenarbeit mit dem damaligen Hausarchitekten, um verschiedene Um- und Ausbauten der Geschäftshäuser in der Haarenstraße. Zurück an der Hunte, ist sie in einer Bürogemeinschaft als freischaffende Architektin tätig. Sie beteiligt sich unter anderem mit Kolleginnen an öffentlichen Wettbewerben und anderen Bau-Projekten.

Mitte der 1990er-Jahre, kurz vorm hundertjährigen Bestehen, wird die Kommanditgesellschaft Bruns in eine GmbH & Co.KG umgewandelt. Nicht lange danach verstirbt die kinderlose Tante, Erika Bruns jun., die den Nichten ihren Anteil als bisher dritte Gesellschafterin, neben Mutter Marianne und Vater Kurt Müller-Meinhard, vererbt.

Für Eva ist dies Grund genug, ihre Schwester, zu der sie all die Jahre in engem Kontakt steht, zu fragen: „Wollt ihr nicht nach Oldenburg kommen?" Sie appelliert erfolgreich an ihre Verantwortung, sodass Gerhardine und ihr Mann beschließen, diesem Ruf zu folgen, obwohl sie sich im Ausland sehr gut eingerichtet haben. Gerhardine erklärt: „Die Verbundenheit zum familiären Erbe und die neue Herausforderung haben uns zu dieser Entscheidung gebracht."

Doch der Anfang ist viel schwerer als erwartet. So muss Gerhardine erst einmal Aufgaben entdecken und Hürden beim Einstieg überwinden. Sie nimmt es selbst in die Hand und verschafft sich – im Wortsinn – den nötigen Raum, denn auch ein eigenes Büro ist zu Beginn nicht vorhanden. Erst allmählich entdeckt sie die vielen kleinen Handlungsräume für ihre Kompetenzen. Sie sammelt erste Erfolge in den Bereichen Personal, Werbung und Ausbildung.

Nach und nach lernt sie, die vielfältigen Aufgaben zu bewältigen und eignet sich fachliches Wissen autodidaktisch an. So verschafft sie sich Anerkennung und einen eigenen Verantwortungsbereich.

1896-1996: 100 Jahre Bruns Männermode

Dann kommt das Jubiläum! Es wird eine große Feier mit allen Mitarbeitern, Lieferanten, Wegbegleitern und Partnern. Die Liste der Redner ist lang. Doch auf dieser Liste fehlt etwas, wie Eva Müller-Meinhard meint: ihr Beitrag. Kurzentschlossen informiert sie den Vater, dass sie den Gästen zum Schluss etwas sagen will.

Als letzte Rednerin hat man oft einen schweren Stand. Aber die Gäste, Vertreter aus der Branche und der Stadt, Freunde des Hauses und Mitarbeiter werden dennoch aufmerksam. Schließlich ist dieser Redebeitrag ein Zeichen der neuen, nachfolgenden Generation, die jetzt in den Startlöchern steht. Eva Müller-Meinhard betont ihre hohe Wertschätzung auch für die Arbeit der weiblichen Gesellschafter im Unternehmen – also die ihrer Mutter und der Tante. Dann bringt sie ihr Anliegen auf den Punkt und sagt das, worauf viele der Lieferanten und Mitarbeiter schon gewartet haben, denn die Gesellschafter und der Geschäftsführer sind nicht mehr die Jüngsten. Die im Raum stehende Frage nach dem „Wie-wird-es-weitergehen?" beantwortet Eva mit Blick auf Gerhardine: „Wir sind die Zukunft!"

Im Jahr 2000 werden sie zu je 50 Prozent zu Haupt-Gesellschafterinnen ernannt und leiten zusammen mit dem Vater und einem weiteren Geschäftsführer den Betrieb.

2003, als der Vater mit 70 Jahren einen gesundheitlichen Warnschuss erhält, löst er sich aus der Führungsaufgabe und überlässt das Feld ganz seinen beiden Töchtern. 2004 verlässt der angestellte Geschäftsführer das Unternehmen.

In dieser Zeit wird Eva Mutter, was bedeutet, dass sie Beruf und Familie in Einklang bringen muss.

Mit Strategie und Weitblick in die Zukunft

Die Schwestern hinterfragen alles, was ihnen wichtig ist, sei es die Unternehmensführung, Personalpolitik oder Geschäftsprozesse und sie führen Veränderungen nach ihren Vorstellungen durch. Sie werden von ganz bestimmten Werten geleitet und schätzen als Familienunternehmerinnen vor allem Kontinuität, nachhaltiges und ressourcenschonendes Arbeiten und verschiedene Traditionen, die modern weitergeführt werden. „Das Wichtigste für uns ist, dass wir authentisch sind." Und noch etwas gilt: Der größte Teil des Gewinns wird immer wieder ins Unternehmen investiert.

Um sich fachlich fortzubilden, beginnt Gerhardine neben Beruf und Familie ein Studium an der Universität Oldenburg. Hier schließt sie vier Jahre später mit dem Bachelor für „Small and Medium Companies" ab. So gelingt es beiden Schwestern auf ihre ganz persönliche Art, ihre Kernkompetenzen immer weiter zu stärken. Sie gewinnen an Sicherheit, wachsen mit den Aufgaben, entwickeln und bauen dabei das Unternehmen unter anderem mit weiteren Filialen „Bruns Große Größen" weiter aus.

Was jetzt in Gang kommt, ist ein dynamischer Prozess, der dem Unternehmen dient, auch in Zukunft erfolgreich zu bestehen. Immer wieder werden die Inhaberinnen mit zum Teil drastischen Veränderungen am Markt konfrontiert, wie zum Beispiel der Vertikalisierung und dem wachsenden E-Commerce im Einzelhandel. In manchen Bereichen gleicht ihre mutige, strategische Positionierung fast einer inhaltlichen Kehrtwendung. Dabei hilft es ihnen, dass sie zu zweit sind. „Wir ergänzen uns gut. Auf diese Weise können wir unsere Entscheidungen regelmäßig reflektieren, was unverzichtbar ist." Die Schwestern profitieren gegenseitig von ihren Stärken. Während Gerhardine Müller-Meinhard Cardoso in den ersten zehn Jahren hauptsächlich für Ein- und Verkauf zuständig ist, hat Eva Müller-Meinhard die Ressorts Personal und Gebäude übernommen. „Diese Zeit war notwendig für die eigene persönliche Entwicklung, um den Betrieb kennen zu lernen und eine gemeinsame Führung zu entwickeln."

Auf dem Weg in eine neue Zeit

2010 definieren sie die gemeinsame Unternehmensführung neu. Ihr Ziel ist es, das Familienerbe – diese „Institution" in Oldenburg – zu erhalten und zukunftssicher auszubauen. Dazu gehört für sie ein modisches und marktgerechtes Sortiment, das viele Kundenansprüche er-

füllt und mit kompetenter Bedienung, sehr persönlicher Beratung und Bindung oft weit über das Einkaufen hinaus gehandhabt wird. Jetzt werfen sie sich die Bälle zu, wobei sie darauf achten, dass jede ihren eigenen Spielraum im Sinne einer Ressourcenteilung hat. Die Schwestern haben den Wunsch, ihre persönlichen Talente individuell einzusetzen.

Jede der beiden engagiert sich innerhalb der Gesamtorganisation nun in eigenen Bereichen: Eva übernimmt die Führung der Berufsmode und die „Großen Größen" samt den mittlerweile drei Filialen in Hannover, Bielefeld, Bremen. Darüber hinaus entwickelt sie 2012 eine weitere, eine virtuelle Filiale im weltweiten Netz, den „bruns-grosse-groessen"-Online-Shop.

Gerhardine hingegen führt das Oldenburger Haus Bruns Männermode. Ihre Spezialgebiete sind neben dem eigentlichen Handel vor allem Marketing und Vertrieb. Bruns Männermode gehört mit zu den ersten Unternehmen, die im Rahmen ihrer Werbung Geschichten erzählen. Was heute voll im Trend liegt, Mitarbeiter und Kunden als Models und damit als Sympathie- und Kompetenzträger wirken zu lassen, wurde hier schon früh realisiert!

Es wird eine moderne, ehrliche Art der Kundenbindung und -begeisterung gelebt, die durch besondere Vorteilssysteme und -aktionen sowie gezielte Einladungen aufrechterhalten wird. Um die Werte des Unternehmens in einem Corporate Image (CI) darzustellen, wurden neun verschiedene Symbole entwickelt. Wer aufmerksam durchs Geschäft wandelt, wird diese Grafiken überall entdecken.

Der Prozess des Wechsels ist nicht abgeschlossen – und wird es wohl auch nie sein. Schließlich geht es um einen Organismus, zu dem heute rund 130 Mitarbeiterinnen und Mitarbeiter zählen. Da ist immer was in Bewegung. „Aber das ist gut so. Überhaupt ist es wichtig, immer mal wieder den Blickwinkel zu wechseln, um neue Richtlinien zu entwickeln und alte wegzulassen", sind sich die Schwestern einig.

Stärken erkennen und nutzen

Jetzt zählt vor allem das Team. Die Schwestern wissen um den Wert ihrer Belegschaft. Gutes Fachpersonal, modebewusst und mit Leidenschaft bei der Sache, ist Voraussetzung für den Erfolg. Vor diesem Hintergrund ist es „unumgänglich, die Stärken der einzelnen Mitarbeiterinnen und Mitarbeiter zu finden", was den beiden immer wieder gelingt. Ein Plus, das allen Seiten zugutekommt. Eine durchgängige Kommunikation, die beiden Schwestern wichtig ist, ist Basis für eine erfolgreiche Einbindung der Mitarbeiter und Teams sowie für die Umsetzung in die Unternehmensprozesse.

Impulse der Mitarbeiter sind ausdrücklich erwünscht, sie werden aufgegriffen und in der Regel umgesetzt. Das steigert die Zufriedenheit, die Qualität und nicht zuletzt die Effektivität. Dadurch entsteht auch eine gute und persönliche Atmosphäre für den Kunden.

Große Akzeptanz findet darüber hinaus die Tatsache, dass sie als Führungskräfte für die Belegschaft immer erreichbar sind. Transparenz heißt hier das Zauberwort, mit dem so viele Blockaden gelöst werden können. „Wir haben unser Team mitgenommen ins neue Zeitalter. Außerdem basierte unser Anspruch von Anfang an auf einer ausgeprägten Teamorientierung. Es werden Ziele vereinbart und abgeglichen, es gibt Feedback, Anerkennung, aber auch Kritik, die akzeptiert wird. Die Mitarbeiter werden in die Entscheidungsprozesse mit eingebunden, das heißt, wir arbeiten grundsätzlich nach dem Mehraugen-Prinzip. Dabei haben wir die Erfahrung gemacht, je mehr Verantwortung, desto produktiver wird gearbeitet. Das Delegieren bei gleichzeitiger Förderung war die beste Idee überhaupt. Die Lern- und Leistungsbereitschaft wächst. Alle Beteiligten erfahren und wissen: Fehler sind unvermeidlich, daraus können wir nur lernen. Wir als Chefinnen hören zu und reagieren, wir fragen nach und agieren."

Die persönliche Personalführung und das Suchen nach individuellen Wegen, soweit es der Geschäftsbetrieb zulässt, sind die Prinzipien, nach denen jetzt gehandelt wird. Dies hängt sicher auch damit zusammen, dass beide wissen, was es bedeutet, die Doppelfunktion als berufstätige Frau und Mutter täglich zu meistern.

Trotz der Spontaneität, die ihnen im Blut liegt und dem Anspruch, flexibel zu bleiben, sind die beiden Gesellschafterinnen auch Planerinnen: „Eine gute Planung ist uns wichtig, denn sie gibt den nötigen Überblick und wir werden dadurch für andere berechenbar. Das bedeutet, dass unser Team weiß, wohin die Reise geht." Sie sind zu Recht stolz darauf, Arbeitgeberinnen für gute Arbeitsplätze zu sein und an der Spitze eines Unternehmens zu stehen, das vielen Menschen die Existenz sichert. Es zeigt einmal mehr, dass einer Branche, die im Grunde von Männern dominiert ist, eine gute Portion Weiblichkeit außerordentlich gut tut.

Manfred Peters

VERITAS: Im Weinland auf Entdeckungsreise

Auch wenn er gebürtig von der Mosel kommt, so hat Manfred Peters mit Mitte 30 noch nicht gewusst, dass er beruflich einmal in der Wein-Branche landen würde. „Der reinste Zufall", sagt er schelmisch, wohl wissend, dass es den gar nicht gibt. Manchmal fallen uns die Dinge eben einfach zu.

Gelernt hat er vor gefühlten Lichtjahren einmal Repro-Fotograf, einen Beruf, der aufgrund der digitalen Entwicklung aufgehört hat zu existieren. Immerhin hat diese Tätigkeit ihn nach Oldenburg gebracht, genauer gesagt in die Clausewitz-Kaserne, wo er für die Bundeswehr arbeitete. „Gut und schön, aber irgendwann dachte ich, ich kann nicht mein ganzes Leben in einer Dunkelkammer zubringen. Da muss irgendwie noch was passieren."

Diese Erkenntnis ist für ihn der erste Schritt zum Zweiten Bildungsweg. Es folgt – zunächst berufsbegleitend, nämlich abends – der Besuch des Wirtschaftsgymnasiums. Als er das Abitur in der Tasche hat, will er Sozialwissenschaf-

ten studieren, eigentlich in Konstanz. Doch von diesem Vorhaben bringt ihn während einer langen Zugfahrt ein junger Japaner ab, der genau dieses Fach an diesem Ort belegt hat.

Auch in Oldenburg wird der Studiengang Sozialwissenschaft angeboten. Hier, so weiß Peters, steht ein progressives und vor allem breit aufgestelltes Konzept dahinter. Ein Teil der Professoren stammen aus dem Dunstkreis der Frankfurter Schule. Und überhaupt hat die Uni Ende der

1970er-Jahre ja einen eher linken Ruf, den es zu verteidigen gilt. Alles ist gut … außer der Mensa, die sich noch in den Räumen der alten Pädagogischen Hochschule befindet.

Also Oldenburg, ein zweites Mal. Die Stadt kannte er ja ohnehin schon. Das Manko mit der Mensa wird später durch seine äußerst kochambitionierte Wohngemeinschaft ausgeglichen, in der mittags ein ebenso gesundes wie leckeres Drei-Gänge-Menü hingezaubert wird. Hier liegt für ihn vielleicht sogar die Lust am Kochen begründet und an allem, was dazu gehört.

Etwas ziellos

Nach zwei Jahren und dem vollendeten Vordiplom beginnen die ersten Zweifel: „Was mache ich hier eigentlich? Wohin führt mich dieses Studium?" Selbst die Professoren „schwafeln" und geben diesbezüglich keine befriedigenden Antworten auf seine Fragen. Er sei mit einem Diplom-Abschluss doch immerhin eine allgemein qualifizierte Person. „Allgemein?", das reicht ihm nicht. Er will es konkreter.

Um aus der Ziellosigkeit herauszukommen, flüchtet er 1981 für ein Jahr nach Schottland. In der schönen Hafenstadt Dundee versucht er an der dortigen traditionellen Universität seine Kenntnisse zu vervollständigen. Ein großartiges Jahr, in dem er durchaus auch andere Erkenntnisse gewinnt. Zurück in Deutschland muss er wieder nach Oldenburg, denn an keiner anderen Uni in der Republik werden seine bereits vorhandenen Scheine anerkannt. So viel zum Stichwort „Reform-Universität". Oldenburg, die dritte.

1985 hält er dann – zur großen Freude seiner Eltern – das Diplom in der Hand. Und tatsächlich gelingt es ihm, sich mit dieser Ausbildung finanziell über Wasser zu halten. Er arbeitet bei verschiedenen Bildungsträgern, bei der Gewerkschaft, der Volkhochschule. „Das war eine gute Zeit." Ganz nach dem Motto: Öfter mal was Neues …

… bis er es eines Tages satt hat, sich von einem Werkvertrag zum nächsten zu hangeln. Nahezu zeitgleich erinnert sich „zufällig" sein alter Professor an ihn. Der holt ihn zurück an die Uni, wo er vier Jahre lang im Zentrum für wissenschaftliche Weiterbildung (ZWW) und weitere drei Jahre im Ossietzky-Projekt unter der Leitung der Professoren Grathoff und Kraiker beschäftigt ist.

Was tun?

Das Jahr 1994 sollte dann zu einem entscheidenden Wendepunkt in seinem Leben werden. Zwei Perspektiven stellen sich ihm gleichzeitig, zwei Angebote, die unterschiedlicher nicht sein können. Das erste kommt vom ehemaligen Universitätspräsidenten Prof. Horst Zilleßen, der ihn für ein Mediationsprojekt im Zusammenhang mit dem geplanten Berliner Flughafen gewinnen möchte. Das andere kommt von Wolfgang Kausler, der einige Jahre zuvor den Weinhandel VERITAS in Oldenburg an der Hauptstraße gegründet hatte. Ob er nicht mit einsteigen möchte ins Geschäft?

Was tun? 14 Tage nimmt er sich Zeit für seine Entscheidung, geht in Klausur mit sich und seinem bisherigen Leben. Sein Gefühl sagt ihm, dass ihm irgendwann wohl die richtigen Gedanken kommen werden. Und genauso ist es.

Rückwirkend ist er froh, dass er sich gegen Berlin und für Oldenburg – nun schon das vierte Mal – entschieden hat. Zumal für ihn als studierter Sozialwissenschaftler das Berliner Mediationsprojekt von Anfang an ein „Geschmäckle" in Richtung „Bürgerberuhigung" hat. Viele Gründe sprechen dafür, einen bereits vorhandenen Flughafen auszubauen und nicht – wie es dann auch Realität wurde – einen vollkommen neuen Bau aus dem Boden zu stampfen.

Vom Sozialwissenschaftler zum Weinhändler? Ja, aber nur als gleichberechtigter Teilhaber. Das war die Voraussetzung. Seine Eltern sind schockiert. Schließlich hat der Junge doch studiert!

In vino veritas

Genau wie sein Geschäftspartner liebt er das gemeinsame Kochen, Weinproben mit Freunden, Reisen ins Bordelais … Und genau wie dieser ist er begeisterungsfähig für bestimmte Ideen. Das passt. Als er das Geschäft zwölf Jahre später alleine weiterführt, hat sich sein Konzept bereits vervollständigt, denn nur Wein zu verkaufen, das wäre ihm zu wenig. „Es ist immer wichtig, etwas vom Drumherum zu wissen. Der Wein muss schmecken, das ist schon mal Voraussetzung. Doch für mich gehört viel mehr dazu. Ich muss alles dazu wissen: Namen, Lage, Traditionen, soziale Hintergründe, Herstellungsverfahren … Schließlich will ich meinen Kunden die Geschichte erzählen, die hinter jeder Flasche Wein steckt." Recherche hat er schließlich im Studium gelernt.

Aus diesem Grund besucht er in der ersten Jahreshälfte gerne große Weinmessen. Zum Beispiel die „Vinitaly Ve-rona", eine der größten europäischen Fachmessen der gesamten Branche. Hier trifft sich alles, was Rang und Namen hat. Neueste Trends werden besprochen, Produkte präsentiert, verkostet und geordert.

Wie ein Goldgräber ist Peters immer auf der Suche nach exklusiven Tropfen, nach unbekannten Winzern und Rebsorten. Auf diese Weise ist es ihm schon mehr als einmal gelungen, Weine zu entdecken, die ein paar Jahre später in aller Munde waren. „Wir sind die Trüffelschweine für unsere Kunden." So könnte man es auch nennen.

Einen Wein hat er zum Beispiel gefunden, bei einem über 80-jährigen Winzer aus Kalabrien. Der hat auf seinem kleinen, sonnigen Weinberg eine ganz besondere Rebe angebaut. Der Erlös beträgt nur knapp 5.000 Flaschen. Die aber sind „zum Niederknien gut". Das sind Geschichten, die er liebt. Wenn er davon erzählt, ist er in seinem Element. Und als Zuhörerin habe ich fast das Gefühl, die wärmende Sonne Süditaliens zu spüren.

Alles eine Frage des Geschmacks

Nun ist das Ammerland ja ursprünglich keine Weintrinker-Region. Eben ganz anders als in seiner Heimat, wo er bei einem guten Schoppen noch immer so gerne moselfränkisch schwätzt. Hier im Norden gibt es zum Beispiel die konvertierten Biertrinker, die beim Wein eine einfache Geschmackskurve suchen. Oder diejenigen, die seit 20 Jahren den gleichen Wein vom selben Winzer trinken. Für diese Kunden hält er „Weine mit hohem Anschlusspotenzial" bereit. Will sagen, sie schmecken in diesem Jahr ganz ähnlich wie im nächsten. Es kommen ab und zu aber auch die so genannten Mikkev-Kunden ins Geschäft. „Mikkev" ist die Kurzform von „Mir-kann-keiner-etwas-vormachen. Die meisten jedoch suchen das Gespräch mit dem Fachmann, sind offen für Neues und auf der Suche nach dem perfekten Geschmackserlebnis. Und an dieser Stelle greift sein Konzept.

Peters möchte neugierig machen. „Geschmack ist natürlich eine sehr individuelle Angelegenheit. Aber er ist immer abhängig von der Situation." Eine Tatsache, die bekannt sein dürfte. Denn hat schon ein einziges Mal der aus dem Urlaub mitgebrachte Wein zu Hause so gut geschmeckt wie in den schönsten Wochen des Jahres?

Sein Ziel ist erreicht, wenn es ihm gelingt, Vorurteile abzubauen. „Wie sehr können wir unser Leben bereichern, wenn wir bereit sind, neue Geschmackswelten zu entdecken?" Eine Möglichkeit das zu erreichen, ist die Teilnahme an einer seiner Weinproben. Hier ist er der Moderator. Erst mal einen Schluck Wein probieren, ganz in Ruhe, dann ein Stückchen Brot dazu, noch einen Schluck von anderem Wein. Wer schon zu diesem Zeitpunkt glaubt, seinen Favoriten gefunden zu haben, der täuscht sich meistens. Denn später, wenn es warmes Essen gibt, entwickelt die Zunge ihr ganzes Können erst richtig.

Wenn er davon erzählt, läuft einem das Wasser im Munde zusammen. Er versteht es, andere zu begeistern. Der geborene Geschichten-Erzähler, wobei es sich dabei niemals um Märchen handelt. Alles ist recherchiert, in jahrelangen Kontakten mit seinen Lieferanten aufgebaut, schließlich

kauft er selbst nur Erzeugerabfüllungen ein. Er kennt seine Winzer, besucht sie regelmäßig oder trifft sie auf einer der Messen. Nicht selten kommen sie auch zu ihm nach Neusüdende, wo er neben dem Geschäft in Oldenburg sein Basislager betreibt.

Vielleicht gehören genau deswegen auch die Wein-Journalisten zu seinen „Lieblingsfeinden". Wer nach gefühlten 30 bis 40 Proben – auch wenn nur zum Teil geschluckten – noch Rankings schreibt, der versteht sein Handwerk nicht. „Das sind alles Scheingenauigkeiten, die haben mit der Wirklichkeit nichts zu tun."

Und was ist der Trend? „Hocharomatische Sorten mit einem Tick Restsüße. Trocken soll draufstehen, aber halbtrocken soll er schmecken." Die erfolgreichsten Weine kommen aus der Gascogne, von der Loire, aus Spanien, Italien und – natürlich – von der Mosel. „Es geht nichts über einen guten Riesling." Zu seinen verrücktesten Ideen gehört es übrigens, einen respektablen Lambrusco zu servieren. „Einfach mal probieren, richtig reinschmecken und erst danach urteilen."

Überhaupt, verrückte Ideen hat er genügend. „Wenn ich zu steil abhebe, holt mich meine Frau wieder auf den Boden der Tatsachen zurück. Sie ist bodenständige Ostfriesin, mein Korrektiv." Eine dieser Ideen ist es, die am Markt schon lange verpönte, bauchige und mit Bast umwickelte Chianti-Flasche, auch Fiaschetta genannt, wieder einzuführen. „Das braucht vielleicht noch etwas Zeit, aber wir werden schon sehen." Den Werbespruch dazu hat er jedenfalls schon formuliert: „Wer zwei Fiaschetta kauft, bekommt die Tropfkerze dazu."

Sigi Rupp

Für Haare: Ein Hauch von Glamour

New York, Phoenix, Mallorca, London ... Sigi Rupp ist überall dabei, wenn die Schönen dieser Welt an ausgesuchten Locations fotografiert werden. Sein Job am Set ist „Hair & Make up Artist". In diesem Segment hat er sich einen Namen gemacht. Das bedeutet Glamour, Fashion, Models ... Das bedeutet aber vor allem Arbeit von früh bis spät. Doch die scheut er nicht. Er war immer fleißig in seinem Leben, immer gut vorbereitet und er „kann gut" mit Menschen. Das zusammen ist sein persönliches Rezept zum Erfolg. „Dazu braucht man aber auch noch ein Quäntchen Glück. Und flexibel sollte man sein, sonst wird das nichts."

Flexibel, ja, das ist er. Für die ganz Großen hat er schon gearbeitet: Goldwell, Aida Cruises, German Wings, EWE, Milka, Kraft-Jacobs, Allianz Versicherung, Bremer Landesbank, Vilsa, Quelle, Neckermann, Otto, Rügenwalder, Delmod, La Roche, Emsa, LzO, Jacobs Suchard, ... Die Referenz-Liste ist beeindruckend. Ob Katalog, Werbung, Platten-Cover, Film, er hat für alles schon gestylt. „Heute geht der

Trend mehr zur Natürlichkeit." Das war mal anders, 1978 zum Beispiel, in New York, da sahen die Models noch etwas schriller aus.

Nur 14 Tage vorher hatte er einen damals sehr erfolgreichen Fotografen aus Bremen kennen gelernt. So ein spektakuläres Foto-Shooting konnte sich der frischgebackene Frisörmeister natürlich nicht entgehen lassen. „Da ging die Post ab!" Jedes Haar muss sitzen, das Make-up perfekt sein. Da wird auch schon mal improvisiert – zum Beispiel,

wenn der Wind von hinten durch die Haare des Models fährt. Was macht man dann? „Tu was! Was steht in deinem Frisör-Handbuch für so einen Fall?", brüllt der aufgebrachte Fotograf, der manchmal etwas schroff und ungeduldig ist.

Seit mehr als 20 Jahren fährt Sigi Rupp nun zweigleisig. In einem kleinen Dorf am Niederrhein geht er Anfang der 1960er-Jahre in die Lehre. „In so einem kleinen Kaff wurde man zu der Zeit als Mann in diesem Beruf noch schräg angesehen." Doch das stört ihn nicht.

Da das Einkommen als Lehrling nicht besonders üppig ist, verdient er sich als mobiler Friseur ein bisschen Taschengeld hinzu. Seine Fähigkeiten – sowohl fachlich als auch den in dieser Branche so wichtigen Smalltalk betreffend – sprechen sich schnell herum, so dass er sich um die Nachfrage nach seiner Dienstleistung keine Sorgen machen muss. An der Tagesordnung sind Dauerwellen, die ersten Pilzköpfe, Einlege- und Langhaarfrisuren. Dann wird er 1972 eingezogen und der Wehrdienst bringt ihn für die nächsten zwei Jahre nach Delmenhorst.

Danach wollte er eigentlich nach Hamburg, wo er Erfahrung bei den angesagten Coiffeuren sammeln und vielleicht auch noch eine Ausbildung als Maskenbildner dranhängen will. Kurz vorher jedoch verliebt er sich. So bleibt er in Delmenhorst, arbeitet aber in Bremen. Der Herrenfrisör in der Baumwollbörse gehört zu den „In-Läden", bei dem sich unter anderem die Hanseatische Prominenz und die Herren vom Senat die Haare schneiden lassen. „Alles sehr ehrwürdig und gediegen, eben typisch hanseatisch."

1977 besucht er dann die Meisterschule in Oldenburg. Jetzt ist für ihn der Weg frei, sich selbstständig zu machen. Zusammen mit einem Freund, der sich dort ebenfalls fortgebildet hat, eröffnet er einen Frisörladen in Delmenhorst. Nach zwei Jahren trennen sich die beiden einvernehmlich und es wird expandiert: zwei Läden in Delmenhorst, einen in Bremen und einen in Hude: Sigi Rupp für Haare! „Nomen est omen" trifft allerdings – zum Glück – nicht zu.

Neu in Oldenburg

1993 startet er in Oldenburg, in der Bergstraße 12. Zwei Jahre zuvor hat er alle vier Filialen verkauft. Das Geschäft an der durchaus guten Oldenburger Adresse verläuft in den ersten Monaten noch etwas schleppend. Doch nach und nach spricht sich herum, dass hier ein Mann mit Erfahrung und Kompetenz am Werk ist, wie damals während seiner Ausbildung. Irgendetwas in diesem Salon ist anders, ein bisschen schriller vielleicht, exaltierter, fetziger. Er hat ein Auge für die unterschiedlichen Typen. Diese Sensibilität, die jedes Mal in ein ganz persönliches Beratungsgespräch mündet, kommt gut an.

Was Sigi Rupp sich wünscht, sind zufriedene Kunden, die übrigens zu 90 Prozent weiblich sind. Zufall? Wohl nicht, denn der Frauenversteher ist nicht nur fit im Frisieren und Schminken, er kann auch gut zuhören und hat eine sehr authentische Art der Kommunikation. Es gibt Tage, da fühlt er sich eher wie ein Psychologe. Viele Frauen vertrauen ihm sehr persönliche Dinge an. „Natürlich gibt es auch traurige Geschichten." Die darf er aber emotional gar nicht zu dicht an sich heranlassen.

Doch wann sind Kunden zufrieden? Immer dann, wenn die Wünsche jedes Einzelnen berücksichtigt sind. „Und wenn nun eine Frau eine ungewöhnliche Frisur haben möchte, dann kriegen wir das hin", sagt er. „Jede hat eben ihre eigene Art und das respektiere ich."

Nebenbei ist er immer wieder unterwegs in Sachen Haare, Styling und Make-up. Es ist die perfekte Kombination: das Frisörhandwerk im Laden, die Ausflüge in die Welt des Glamours als Sahnehäubchen.

So interessant die Arbeit mit den Fotografen auch ist, sie ist nicht ganz einfach und vor allem ist sie unkalkulierbar. „Bis gerade eben bist du noch der King und im nächsten Moment lassen sie dich fallen." Diese Erfahrung muss auch er machen. Deswegen ist er heute vorsichtiger und arbeitet lieber mit mehreren „Kleinen" als mit einem „Großen" zusammen.

Einmal aber, im Jahr 2007, verdient er sich in der Szene das ganz große Schulterklopfen. Da geht es um Fotos für das Männermagazin Playboy. Diese Arbeit brachte ihm für die kommenden Jahre soviel Anerkennung, wie er sie gar nicht erwartet hatte.

Mit den Jahren sieht der zweifache Vater das Geschäft ein bisschen lockerer. „Ich muss mich nicht mehr beweisen, aber ich habe sehr viel Spaß und nehme manches eher sportlich." Das hängt zum einen sicher mit dem Älterwerden zusammen, zum anderen aber auch damit, dass sich das Frauenbild in den letzten dreißig Jahren stark verändert hat. „Heutzutage sehen die Frauen sehr viel jünger aus, sie sind aufgeschlossener, wissen, was sie wollen und sind oft top gekleidet." Sie sind halt mutiger, etwas Neues auszuprobieren.

Noch heute liebt er sein Handwerk. Er steht dahinter wie am ersten Tag. Dass dies auch im Wortsinn zutrifft, davon erzählt die coole Metallplatte, die auf dem völlig zerkratzen Holzfußboden hinter seinem Frisierstuhl in der Bergstraße 12 befestigt ist. „Hier ist mein Platz. Seit mehr als zwanzig Jahren."

Trixi Stalling

Hofgärtnerin: „Mein" wunderbarer Schlossgarten

Sie ist ein Naturkind, von klein auf. Auf Fotos aus ihrer Kinderzeit trägt sie fast immer Gummistiefel. Und einen gelben Ostfriesennerz. Bei jedem Wind und Wetter spielt sie das ganze Jahr über draußen. Damals, im ammerländischen Borbeck, dort, wo Mitte der 1970er-Jahre nicht einmal 500 Menschen wohnen. Sonntags, sehr früh, weckt sie ihren Vater, damit er mit ihr in den Wald geht. Sie will die Vögel mit Namen kennen lernen, will wissen, was da überall wächst und will mit ihm die Rehe beobachten.

Überhaupt der Papa: Als Trixi fünf Jahre alt ist, beginnt sie mit dem Voltigieren. Wie viele Mädchen, so träumt auch sie von einem eigenen Pferd. Der Vater verspricht ihr eines, sobald sie eine passende Weide dafür hat. Dann will er ihr sogar einen Stall bauen. Nun, Weiden sind um Borbeck herum nicht so einfach zu haben und wer nimmt eine Fünfjährige schon ernst?

So muss sie sich erst einmal mit Pflegeponys begnügen. Doch als sie 13 Jahre alt ist, findet sie – endlich – eine erreichbare Weide. Das Geld für den ersten Vierbeiner sammelt sie auf ihrer Konfirmation. Das Pony, ein echter Araber, ist schnell gefunden und Vater und Opa bauen im Garten den ersten Pferdestall. Im Garten! Das heißt, sie wird schon morgens vom Gewieher ihres Lieblings geweckt. Es dauert nicht lange, da wird eine zweite Box benötigt. Erst als das dritte Pferd folgen soll, spricht ihr Vater ein Machtwort: Jetzt ist es genug!

Was sie einmal werden will, ist ihr schon lange klar: Försterin. Doch zwei Dinge sprechen dagegen. Zum einen braucht man dafür das Abitur und zum anderen muss jeder Förster einen Jagdschein besitzen. Tiere zu erschießen, auch wenn es angeblich einem guten Zweck dient, das kommt für sie überhaupt nicht in Frage. Also muss etwas anderes her. Wie wär's mit Forstwirtin?

Im Rahmen eines Schulpraktikums lernt sie den Beruf kennen. „Das war der Himmel auf Erden für mich." Jetzt weiß sie, wo's nach der Schule langgehen soll. In der Berufsschule in Rostrup wird sie in die Klasse mit den Gärtnern gesteckt. Forstwirte gibt es nicht viele in der Gegend, schon gar keine Mädchen. Zur Ausbildung gehören deshalb auch zwei je zehn Wochen dauernde Aufenthalte in einem Internat im Harz.

Die Ausbildung in Neuenburg gefällt ihr gut. Doch leider hat sich der kurz vor der Rente stehende Meister wohl jemand anderen gewünscht als ausgerechnet so eine zarte junge Frau. Die ganze Ausbildungszeit über hat er für sie immer wieder Aufgaben parat, die sie körperlich ganz schön fordern: Sie muss die schwersten Geräte tragen, Kraftübungen mit der Motorsäge vollführen etc. Wollte er ihr zeigen, dass Forstwirt ein Männerberuf ist? Da hatte sich der Meister aber getäuscht, denn dieses Verhalten weckte ihren Ehrgeiz erst recht. Sie beschließt, sich nichts anmerken zu lassen. Ihre „Rache" ist es, die Ausbildung als Beste ihres Jahrgangs abzuschließen.

Zu ihrem 18. Geburtstag denken sich ihre Eltern etwas Besonderes aus: Sie kennen ihre Tochter und ihre Forstlei-

denschaft gut. Deshalb wollen sie ihr auch einen Herzenswunsch erfüllen: eine professionelle Motorsäge, von der so mancher Mann nur träumen kann. Sie verpacken die Maschine in einem riesigen Karton mit Geschirr-Aufdruck. Trixi, die sich alles, nur keine Aussteuer wünscht, ist tief enttäuscht über das unpassende Geschenk … und wickelt es erst ganz zuletzt aus. Die Überraschung ist groß und die Eltern freuen sich über ihren gelungen Scherz. Die Motorsäge hält sie übrigens heute noch in Ehren.

Die junge Forstwirtin findet 1994 einen Arbeitsplatz in Oldenburg, genauer gesagt im Eversten Holz. Diese grüne Lunge hängt verwaltungstechnisch mit dem Oldenburger Schlossgarten zusammen. Eines Tages hat sie dort eine 200 Jahre alte Buche gefällt. „Das war ein echtes Abenteuer. Allein das Geräusch, wenn so ein Riese sich lang legt. Wow! Man muss dabei millimetergenau keilen, sonst geht's daneben." Aufgaben wie diese kennt sie schon aus dem Neuenburger Urwald. Sie weiß genau, worauf zu achten ist. Deshalb gehören Präzisionsschnitte zu ihrem Spezialgebiet. Mit ihren Kollegen hat sie damals schon Wetten abgeschlossen und kleine Stöckchen dort platziert, wo der Stamm hinfallen muss. Wenn die Markierung nicht mehr zu sehen war, hatte sie die Wette gewonnen.

Weil sie aber nicht so richtig ausgefüllt ist in diesem Job, beginnt sie eine zweite Ausbildung als Gärtnerin bei einer Gärtnerei in Loy. Doch irgendwie ist das alles noch immer nicht rund. Sowohl dies als auch eine gehörige Portion Liebeskummer treibt sie fort von zu Hause. Sie nimmt den Globus und schaut, welcher Ort am weitesten von Norddeutschland entfernt liegt: Neuseeland. Acht Monate lang

arbeitet sie dort auf einer Rittersporn- und Pfingstrosen-Farm. Die Südinsel Neuseelands ist schließlich fast ein klimatisches Pendant zu unserer Region. Hier erlebt sie auch den Jahrtausendwechsel, exakt zwölf Stunden eher als die Menschen daheim im grauen Deutschland. Sie war ihrer Zeit eben damals schon voraus.

„Ich will Ihren Job!"

Als sie zurückkommt, beginnt Ihr Arbeitsalltag im Schlossgarten wieder von Neuem. Die Arbeit gefällt ihr gut, doch irgendwie kann das noch nicht alles sein. Deshalb bereitet sie sich parallel dazu ein Jahr lang abends auf die Z-Prüfung vor, die zum Hochschulstudium berechtigt. Heute ist sie nicht mehr sicher, ob sie sich noch einmal für diese berufsbegleitende Belastung entscheiden würde. Doch im Rückblick auf unser Leben sieht vielleicht manches etwas abwegig aus.

Nach dieser Ochsentour schreibt sie sich ein für den Studiengang Landschaftsarchitektur in Osnabrück. Als sich Trixi Stalling von ihrem Vorgesetzten Karl-Heinz Klima, dem Leiter des Schlossgartens, verabschiedet, sagt sie: „Wenn ich wiederkomme, möchte ich Ihren Job übernehmen." Ganz schön keck oder einfach nur zielstrebig?

Ein Semester lang studiert sie in den Niederlanden. Sie ist fleißig, übt sich in Freiraumplanung. Parallel macht sie eine Gutachter-Ausbildung für Baumwert-Ermittlung. Alles irgendwie mit links. Außerdem lernt sie im Rahmen des Studiums, Gärten zu zeichnen, ein Hobby, das sie heute noch intensiv pflegt. „Dann entwerfe ich zeichnerisch ein Gartenzimmer mit Gehölzen, Steinen, Wasser und Pflanzen. Das ist für mich ein nicht wegzudenkender Ausgleich. Dabei kann ich meiner Kreativität freien Lauf lassen."

Ihre Diplomarbeit schreibt sie nicht zufällig über den Oldenburger Schlossgarten. Der Titel: „Marketingstrategien für kommunale Freiräume am Beispiel des Oldenburger Schlossgartens." Sie muss sich mit dem Examen schon ein bisschen beeilen – um nicht zu sagen: sie setzt alle Hebel in Bewegung –, denn ihr ehemaliger Vorgesetzter, dessen Posten sie anstrebt, geht nun bald in den Ruhestand. Nur ein rechtzeitig abgeschlossenes Examen sichert ihr die Chance, auf die sie so lange gewartet hat. Sie schafft es:

Als Erste ihres Semesters schließt sie erfolgreich ab – und bewirbt sich postwendend in Oldenburg.

All die Mühe, die Hektik und die Konzentration auf das Wesentliche haben sich gelohnt. Erfolg auf ganzer Linie: Sie befördert alle anderen Bewerber an den Rand des Geschehens und tritt am 1. August 2006 als erste Frau die Stelle des Hofgärtners an.

Turbulenzen

Die Freude ist groß und sie mit 31 Jahren vorerst am Ziel ihrer Träume. Jetzt kann sie gestalten, ein Team von Mitarbeitern führen, eigene Ideen entwickeln … Doch bevor all das in Gang kommt, gerät sie in unerwartete Turbulenzen, die letztendlich – völlig unerwartet – in einer Kündigung enden. Hauptgrund ist die Frage nach ihrem Wohnsitz. Seit knapp 200 Jahren hat nämlich der Hofgärtner immer im Haus auf dem Wirtschaftshof gewohnt. Doch da soll diesmal nur eine kleine Wohnung unterm Dach bezugsfrei sein. Das passt ihr aus verschiedenen Gründen gar nicht. Darüber hinaus geht es plötzlich um eine Präsenzpflicht, die aber in ihrem Arbeitsvertrag nicht erwähnt ist.

Schon bald ist das Thema Trixi Stalling Stadtgespräch. Die Presse berichtet, was zur Folge hat, dass eine unglaubliche Welle der Sympathie aus der Oldenburger Bevölkerung sie nahezu überrollt. Es hagelt Leserbriefe pro Stalling, der Niedersächsische Minister für Wissenschaft und Kultur, Lutz Stratmann, schaltet sich ein, es ist ein ziemlich nerviges Hin und Her.

Parallel wird festgestellt, dass die Kündigung ungültig ist, da sich die amtierende Hofgärtnerin aufgrund ihrer vorherigen Beschäftigung im selben Dezernat nicht mehr in der Probezeit befindet. Fürs Studium war sie schließlich nur beurlaubt. Es kommt zu einer Einigung und sie muss die kleine Dienstwohnung nicht beziehen. Jetzt kann sie also richtig loslegen. Ihr Ziel ist es, den Oldenburger Schlossgarten aus seinem Dornröschenschlaf zu wecken. „Dieser Garten hat so viel Potenzial."

Die Ärmel hochgekrempelt

Am liebsten würde sie mehrere Projekte gleichzeitig planen und umsetzen. Ideen jedenfalls hat sie genug. Doch dass es mit dem Alles-auf-einmal nicht klappt, weiß sie aus Erfahrung mit ihrem ersten Pony: erst die Weide, dann das Pferd. Hinzu kommt, dass die Uhren im Öffentlichen Dienst ja etwas langsamer ticken. Außerdem befinden wir uns in einer Zeit, in der die Kassen nicht gerade überquellen. Also braucht sie Sponsoren, um so manches finanzielle Loch zu stopfen. Auch in dieser Beziehung ist Trixi Stalling sehr rührig. „Ohne die Zuwendung mehrerer Geldgeber aus der Wirtschaft sähe der Schlossgarten ganz anders aus."

Zu ihrer Strategie gehört es auch, die örtliche Presse mit einzuschalten. Was manch einer in der Behörde noch als „öffentlichkeitssüchtig" bezeichnet, gehört für sie zur ebenso klassischen wie notwendigen PR-Arbeit. Und der Erfolg gibt ihr damit ja auch Recht: Die Oldenburger erfahren plötzlich viel mehr darüber, was im Schlossgarten los ist, dass überhaupt etwas passiert und was „die Neue"

alles vorhat. Genau darüber gewinnt sie auch weitere Förderer. Wenn das kein gezieltes Marketing ist!

Mittlerweile hat die zweifache Mutter gelernt, nicht mehr mit der Tür ins Haus zu fallen. Aus Fehlern lernen, auch das gehört dazu. Und wenn es ihr auch manchmal noch schwerfällt, den Dienstweg einzuhalten, entwickelt sie eigene Ideen, die die Sache voranbringen. Indem sie ihre Sicht der Dinge durch die Anderer erweitert, finden sich alle im Ergebnis irgendwie wieder. Wie praktisch und vor allem: wie erfolgreich! Wichtig ist ihr, dass es weitergeht. „Ich bin nun einmal Praktikerin, ich weiß was gemacht werden muss und was ich dafür brauche." Klare Ansage!

Zunächst einmal besorgt sie richtiges Werkzeug: geeignete Spaten, Rosenscheren etc. Auch in die Ausstattung der Mitarbeiter mit entsprechenden Jacken, Schuhen und warmem Unterzeug wird investiert. Es ist zu spüren: Hier werden die Ärmel richtig hochgekrempelt.

Dank ihrer zahlreichen Pläne und einem schier unermüdlichen Arbeitseifer gelingt es ihr, das gesamte Team zu motivieren. Sie überträgt jedem Einzelnen von ihnen ein gewisses Maß an Verantwortung, sodass sie plötzlich von mitdenkenden Gestaltern umgeben ist. Einer der Mitarbeiter entwickelt sich gar zum Experten fürs Tropenhaus.

Als Erstes gilt es, alte Sichtachsen wieder freizulegen. Das funktioniert zwar nicht ad hoc, aber steter Tropfen höhlt bekanntlich den Stein. Sie forscht in den Original-Plänen von Julius Friedrich Wilhelm Bosse, der Anfang des 19. Jahrhunderts diesen Garten im Auftrag des Herzogs Peter Friedrich Ludwig von Oldenburg angelegt hat. Dass diese Pläne heute

in Oldenburg vorliegen, ist überhaupt nur ihrer Hartnäckigkeit und nicht zuletzt ihrem Hang, Hierarchien zu hinterfragen zu verdanken. Aufgrund historischer Zusammenhänge befanden sich diese Pläne nämlich im Eutiner Schloss. Den Zugang musste sie sich erst einmal erkämpfen.

In ihrer bisherigen Amtszeit wurden das Tropenhaus und die Wege saniert, außerdem sorgt sie dafür, dass zu jeder Jahreszeit große Nachpflanzungen vorgenommen werden. Eine besondere Herausforderung sind für die engagierte Gärtnerin die bunten, jedes Jahr anders bepflanzten Beete in den verschiedenen Gartenbereichen. Und von diesen Bereichen gibt es viele: den oberen und unteren Garten sowie einen Rosen-, Blumen-, Palais-, Küchen- und Obstgarten. Damit der Schlossgarten nach dem Winter wieder im besten Kleid dasteht, werden im Herbst über 10.000 Frühblüher gesetzt. Im Jubiläumsjahr 2014 – dem 200. Geburtstag des Oldenburger Schlossgartens – wird es sogar ein Teppich-Beet nach historischen Vorlagen geben. So eine Anlage gehört zu der höchsten Gartenkunst. „Ich bin einfach sehr detailverliebt", sagt Trixi Stalling.

Hier ist was los

Immer häufiger finden auch kulturelle Veranstaltungen statt. Der Küchengarten öffnet zum Beispiel mehrmals im Jahr seine Pforten. Es gibt Rosen-, Hortensien-, Kamelien-, Kürbis-, Zwiebel- und Kindertage. Schulklassen kommen zu Besuch, Kurse zum Obstbaumschnitt werden angeboten, Imker und Weinbauern können sich informieren, es kann hier geheiratet werden und und und. So schnell gehen ihr die Einfälle nicht aus.

„Der Garten ist ein lebendiges Museum im Sinne eines englischen Landschaftsgartens." Ein Museum, in dem es nicht nur über 300 Jahre alte Bäume gibt, sondern eines, in dem es sogar noch etwas wiederzuentdecken gibt. Zum Beispiel den offenen Venustempel, der früher einmal einen Standort mittig an der Westseite bekommen sollte. Die Fundamente wurden bereits gesetzt, doch dann kam wohl etwas dazwischen. Pläne davon existieren bis heute und Trixi Stalling gibt die Hoffnung nicht auf, dass sie eines Tages dafür einen Sponsor findet. Thema ist auch die Orangerie, die sie gerne wieder aufbauen würde. „Das klappt schon, eines Tages. Ich will es wenigstens versuchen."

Sie hat schon viel erreicht in ihrer relativ kurzen Amtszeit als Hofgärtnerin. Der Garten erreicht heute sehr viele Menschen – und viele Menschen erreichen ihn, auch die, die früher kein Interesse hatten. Selbst überregional findet dieser Ort vermehrt Aufmerksamkeit. Doch es kostet sie auch Kraft, diesen Ruhepol der Stadt zu verteidigen. Da gibt es uneinsichtige Hundebesitzer und Fahrradfahrer, Hochzeitsgesellschaften, die am liebsten mit dem Auto direkt in den Rosengarten fahren würden, es gibt zum Teil eskalierende Schüler-Partys, unzählige Event-Anfragen etc.

Ihren eigenen Ruhepol findet sie zu Hause bei ihrem Mann und den zwei Kindern. Hier kann sie auftanken und sich regenerieren. Und was macht die Leiterin des renommierten Oldenburger Schlossgartens in ihrer Freizeit? Sie erholt sich auf ihrer eigenen, circa 2.000 Quadratmeter großen Scholle. Die ist nämlich alles in einem: Gemüse-, Obst-, Bauern- und Kinder-Garten.

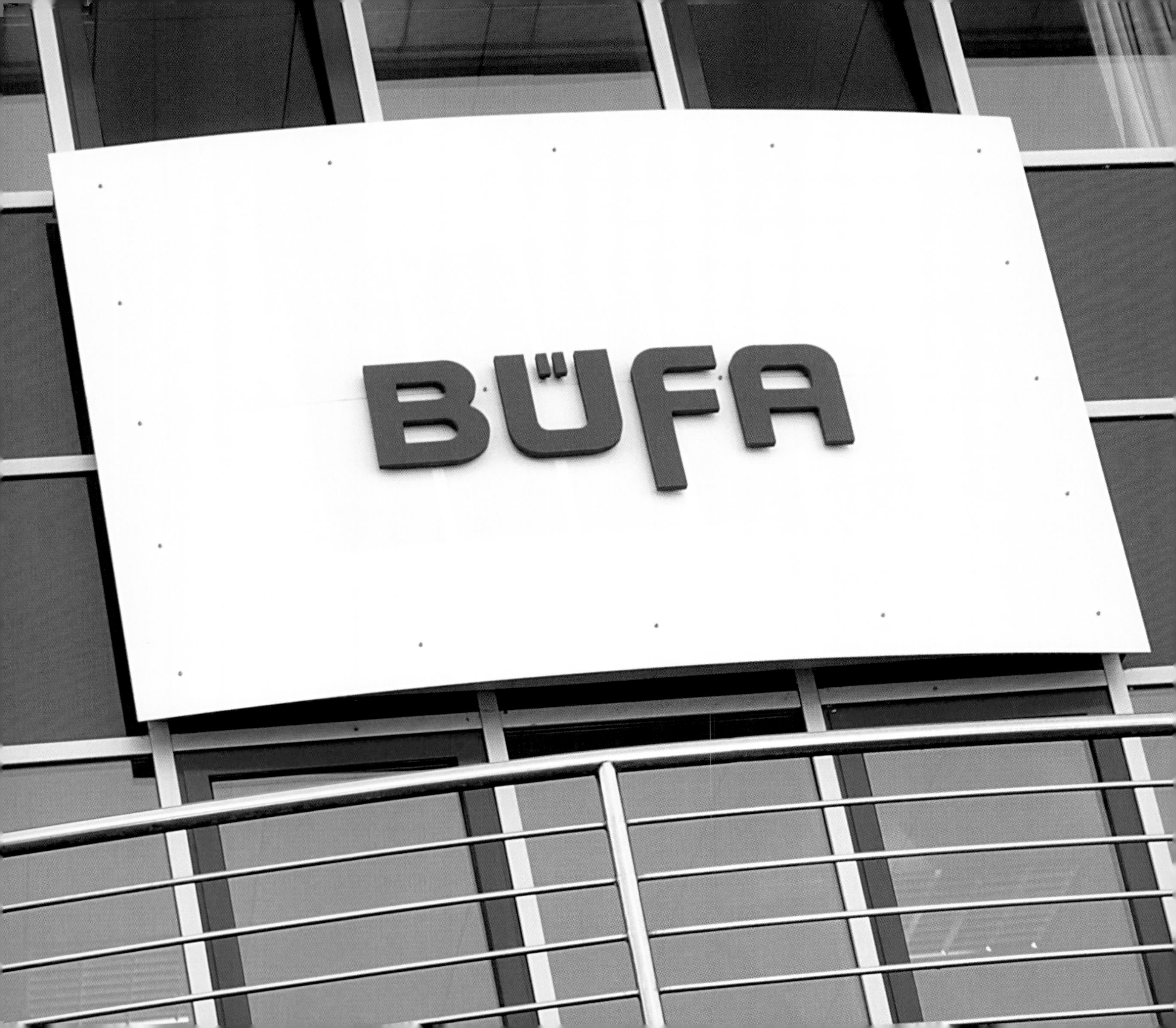
BÜFA

Jan Philipp Wuppermann

BÜFA: Alles eine Frage von Verantwortung und Nachhaltigkeit

Wenn man an die Spitze eines Unternehmens tritt, das seit 1883 existiert, dann tritt man in ziemlich große Fußstapfen – und das in der Regel ohne zu wissen, ob sie vielleicht zu groß sind und ob man der ganzen Angelegenheit überhaupt gewachsen ist.

Es geht um BÜFA, ein Ur-Oldenburger Familien-Unternehmen! Mittlerweile erwirtschaftet die dynamisch wachsende BÜFA-Gruppe mit all ihren Aktivitäten – Reinigung & Hygiene, Verbundwerkstoffe, Chemikalien und Glas – und dank der rund 500 motivierten Mitarbeiterinnen und Mitarbeiter knapp 200 Millionen Euro pro Jahr. Dies übrigens zur Hälfte in Deutschland und zur anderen Hälfte u. a. an den Standorten in den Niederlanden, in Spanien, Polen und China.

Als Jan Phillip Wuppermann im Jahr 2001 seine Mitgliedschaft im Beirat erstmals wahrnimmt, ist er bereits 32 Jahre alt. Hinter ihm liegt schon einiges an beruflicher Erfah-

rung, allerdings keine aus dem eigenen Familienbetrieb. Mal abgesehen davon, dass seine ganze Kindheit vom Thema BÜFA geprägt ist. Schließlich sind seine Eltern als Gesellschafter stark involviert. Außerdem hat er schon als Junge mit großer Begeisterung Farbe angerührt. Mehrfach hat er zudem in den Ferien hier gejobbt. Eine emotionale Bindung zum Unternehmen, das sein Urgroßvater Johann Dietrich Kolwey einst mit starker, patriarchalischer Hand geführt hat, ist also durchaus vorhanden. Doch jetzt erst mal der Reihe nach:

Betriebswirtschaft hat er studiert, an der Freien Universität Berlin. Zwar ist dieses Studienfach nicht unbedingt sein Herzenswunsch, aber es gibt da zwei Kumpels, die in Berlin ein Zimmer in ihrer Wohngemeinschaft freihaben. Das ist schon mal die halbe Miete. „Naja und etwas über ökonomische Zusammenhänge zu wissen, ist ja nie verkehrt."

Nach erfolgreichem Abschluss zieht es ihn ins Ausland. Zugegeben, so ganz zufällig ist es nicht, dass es sich bei seiner ersten Anstellung um ein Chemie-Unternehmen handelt. Es gibt geschäftliche Kontakte zwischen BÜFA und Amerika, auf die er zurückgreift. Und so landet der junge Betriebswirt für ein halbes Jahr als Trainee in Atlanta. Mag er diese Arbeitsstelle noch durch „Vitamin B" erhalten haben, die nächste definitiv nicht. Jetzt, 1994, schickt ihn nämlich eben dieses Unternehmen nach Bayern zur Konzernmutter.

Im Grunde ist dies eine gute Idee. Wenn es sich bei Wuppermann nicht um einen der waschechten Oldenburger handeln würde, die ja bekanntlich sehr an ihrer Stadt und „umzu" hängen. Ein Jahr hält er es dort im Süden aus, dann kommt er zurück aus dem „Exil" ins nordwestdeutsche Licht ... aber nicht ins Familienunternehmen.

„Alles, nur das nicht!"

In den eigenen Betrieb gehen? „Nein, kommt gar nicht in Frage." Das wäre wohl dem Weg zu nahegekommen, der vielleicht schon für ihn vorgesehen war, von klein auf so-

zusagen. „Nein, ich wollte lieber was Eigenes!" Gemachte Nester sind noch nie sein Ding gewesen.

Seine Jugend gibt ihm wohl das Recht, es so zu sehen. Zum Glück reden Mutter Kerstin und Vater Herbert ihm nicht hinein, auch wenn sie es sicher gern gesehen hätten, dass ihr Ältester die Familientradition fortführen würde, zumal auch seine drei Geschwister keine Ambitionen zeigen, in dem Unternehmen operativ aktiv zu werden. Dass es jedoch jenseits eines „gemachten Nestes" große Herausforderungen gibt, hat Jan Philipp zu diesem Zeitpunkt noch nicht erkannt.

Also was Eigenes: Wieder sind es zwei Freunde, mit denen er sich 1995 zusammen in die Selbstständigkeit stürzt. Die Branche: IT. Das Geschäft läuft gut – es existiert bis heute –, aber ...

Dann gibt es wieder eine Entscheidung: 2001 wird er neben anderen Mitentscheidern Mitglied im BÜFA-Beirat. Dies ist das Gremium, in dem Einblicke gewährt werden. Mit anderen Worten, es geht ihm darum, das Unternehmen BÜFA von innen kennen zu lernen. Bis hin zur Abfüllanlage.

Jetzt aber!

Exakt zehn Jahre nimmt sich Wuppermann Zeit fürs Kennenlernen und für die nächste große Entscheidung. Zehn Jahre, um innerlich zu wachsen, um reifer zu werden und um bereit zu sein für eine große Verantwortung. Er nutzt die Jahre und taucht so richtig ein ins Thema. Jetzt will er's wirklich wissen. Zunächst einmal stellt er Fragen. Viele Fragen! Wieso? Weshalb? Warum? Und er bekommt Antworten von den Geschäftsführern der einzelnen Fachbereiche, von den Kolleginnen und Kollegen und nicht zuletzt von den Auszubildenden. „Eine spannende Zeit!"

Manchmal sind die Zeiten aber auch schwierig. Ganz besonders zum Beispiel in 2008/2009, als die Finanzkrise auch Deutschland erreicht und der Umsatz bei BÜFA zum Teil dramatisch einbricht. Es sind substanzielle Entscheidungen zu treffen, die sehr belastend sind. Aber Jan Philipp Wuppermann scheut sich nicht und sorgt dafür, dass niemand entlassen wird. Eine gute Entscheidung, wie sich nach der Krise herausstellt. Mit wieder anziehender Konjunktur sind alle gut ausgebildeten Mitarbeiter noch an Bord und starten wieder voll durch.

Nach und nach entwickelt er immer mehr eigene Ideen, macht Vorschläge, stellt Kontakte her, um eines Tages Mitte 2010 „plötzlich" festzustellen, dass er mittendrin ist.

Doch da gibt es ein Problem, denn „nur" Beiratsmitglied zu sein bedeutet, dass einem zwar Einblicke gewährt werden, man aber nur bedingt eingreifen kann. Das will er ändern. Jetzt denkt er darüber nach, wie es wäre, wenn …

Nahezu zeitgleich wird er von seinen beiden Mentoren – dem Vater und dem langjährigen BÜFA Geschäftsführer Werner zu Jeddeloh – gefragt, ob er sich vorstellen könne, als Geschäftsführer ins operative Geschäft einzusteigen. Einerseits fühlt er sich geschmeichelt, immerhin scheinen die beiden ihn für den richtigen Mann in dieser Position

zu halten. Andererseits will er auch nichts überstürzen. Er will auf sein Innerstes hören, will es erst für sich selbst auf der Reihe haben, wie er sein weiteres Leben gestalten möchte. Niemand drängt ihn.

Zum 1. Januar 2011 sagt er dann „Ja!" zu BÜFA. Mit diesem Eintritt in die Geschäftsführung der BÜFA-Holding repräsentiert Jan Phillip Wuppermann die fünfte Generation der Unternehmerfamilie Wuppermann-Kolwey.

Offene Ohren und offene Tür

Gemeinsam mit Werner zu Jeddeloh und Ralf Ramke ist er jetzt also Geschäftsführer. Ein gutes Team, das den nötigen Rückhalt bietet. Wieder gibt es viel zu lernen, und er lernt schnell. Hier ist jemand, der mit seinen Aufgaben wächst. Jemand, der weiß, dass er nicht nur Stärken hat und der weiß wo seine Grenzen sind. Deswegen werden hier im Hause wichtige Entscheidungen auch immer auf der Ebene höchster Kompetenz getroffen. „Ich konzentriere mich auf das, was ich gut kann."

Anders als in einem fremdbestimmten Konzern fühlt sich Wuppermann jetzt allen Büfianern gegenüber verantwortlich. So hat er immer ein offenes Ohr für ihre Probleme und Sorgen. Dies zeigt sich unter anderem darin, dass seine Bürotür grundsätzlich offen steht als Zeichen für „Ich bin ansprechbar! Worum geht's? Kann ich helfen?".

Doch die Position als Geschäftsführer ist nicht seine letzte Station im Unternehmen. Zum 1. Januar 2014 wechselt er

ins strategische Management. Die Fäden zusammenzuhalten, Weitblick entwickeln und mit den Partnern in aller Welt verhandeln, das ist sein Ding!

Er entwickelt eigene Maßstäbe, die wie Leitplanken den Weg markieren. Dabei geht es – wie in der bisherigen Firmengeschichte – um den Zusammenschluss von Ökonomie, Ökologie und sozialer Verantwortung. Nachhaltig agieren auf verschiedenen Ebenen, auch darum geht's. Partnern, Mitarbeitern und der Gesellschaft gegenüber verlässlich sein, ein weiteres Anliegen.

Eine eigene Verfassung

Neben der Belegschaft gibt es auch noch die Familie, in deren Zusammenhang es ebenfalls vieles zu regeln gibt. Eltern und Geschwister müssen als Gesellschafter regelmäßig auf dem Laufenden gehalten werden. Auch in diesem Bereich stellt Wuppermann seine Qualitäten unter Beweis.

Gemeinsam erarbeiten sie eine „Familien-Charta", in der feste Regeln und Absichtserklärungen festgehalten werden. Mehrmals im Jahr trifft sich der ganze Clan an einem Wochenende, um über aktuelle oder grundsätzliche Themen zu diskutieren. Es ist kein festes Konstrukt, sondern immer so flexibel, wie die Menschen, die dazugehören.

All das zeigt, dass sich Jan Philipp Wuppermann mittlerweile bestmöglich als Bindeglied zwischen dem Unternehmen und der Inhaberfamilie entwickelt hat. Denn eines hat er längst verstanden: Es geht vor allem darum, BÜFA weiter zukunftsfähig zu machen. Darüber hinaus natürlich auch um die Frage: Welche Geisteshaltung braucht es, dieses erfolgreiche Familienunternehmen auch in die nächste Generation – Stichwort Nachhaltigkeit – zu führen?

Das gelingt wohl nur – wie es auch seinen Eltern gelungen ist – über die emotionale Bindung. So wie er als kleiner Junge Farben angerührt hat, kommen jetzt die Neffen und Nichten und mischen ihr eigenes Shampoo. Vielleicht werden sie später auch Praktika absolvieren und eines Tages – ob mit oder ohne Umweg – auf dem Stuhl sitzen, auf dem schon ihr Ururgroßvater saß, an der Spitze eines Oldenburger Vorzeige-Unternehmens mit Herz.

Die Autorin

Imme Frahm-Harms, Jg. 1958, hat an der Carl von Ossietzky Universität Oldenburg Germanistik studiert; seit 1996 ist sie freiberufliche Texterin und Biografin. Außerdem arbeitet sie als Dozentin für Kreatives Schreiben und Biografiearbeit.

Die Herausgeberin

Diplom-Ökonomin Monika Kretschmer, Jg. 1968, ist ausgebildeter Business- und Facecoach und seit 1999 als Beraterin in Marketing-, Vertriebs- und Personalthemen tätig. Seit 2004 führt sie ressourcenorientierte Team- und Einzelcoachings durch und wendet wertschätzende Methoden auch für Großgruppen an.

Die Fotografin

Irmgard Welzel, Jg. 1946, hat in Berlin Fototechnik studiert und war bis 1980 in einem Oldenburger Fotolabor tätig. Nach einer beruflichen Umorientierung begann sie 2009 einen Neueinstieg in die digitale Fotografie. Seitdem ist sie freiberuflich als Fotografin tätig. Sie hat vier Foto-Ausstellungen in Oldenburg gezeigt und drei „Stadtrundgänge" im Isensee Verlag veröffentlicht.